만 10~11세 자녀 이해하기

만 10~11세 자녀 이해하기

레베카 버기스 지음 | 이동훈 · 송연주 · 홍석민 옮김

Σ 시그마프레스

만 10~11세 자녀 이해하기

발행일 | 2012년 6월 15일 1쇄 발행
저자 | 레베카 버기스
역자 | 이동훈 · 송연주 · 홍석민
발행인 | 강학경
발행처 | (주) 시그마프레스
편집 | 이상화
교정 · 교열 | 안진숙

등록번호 | 제10-2642호
주소 | 서울시 영등포구 양평로 22길 21 선유도코오롱디지털타워 A401~403호
전자우편 | sigma@spress.co.kr
홈페이지 | http://www.sigmapress.co.kr
전화 | (02)323-4845, (02)2062-5184~8
팩스 | (02)323-4197
ISBN | 978-89-5832-944-2

Understanding 10-11-Year-Olds

* 책값은 책 뒤표지에 있습니다.

차례

■ 역자 서문

이 책은 아동기에서 청소년기로 넘어가는 만 10~11세 아동에게 초점을 맞추고 있다. 우리나라의 연령으로 보면 11~12세 혹은 13세까지에 해당되며, 학년으로는 초등학교 4~6학년까지를 포함한다고 볼 수 있다. 저자는 이 시기를 '전환기'라 정의하고 있으며 신체적 변화와 사고가 깊어지는 시기로 기술하고 있다. 만 10~11세는 우리가 흔히 일컫는 사춘기에 해당하는 시기이다. 급변하는 신체적 변화를 비롯해 정서적 변화와 심리적 갈등을 겪게 되고 정체감 또한 형성해야 하는 시기이기 때문에 아주 중요한 시기라 할 수 있다.

이 책은 추상적 사고와 도덕적 판단을 하고 자신만의 세계관을 구축해가는 만 10~11세의 아동이 가정이나 학교에서 경험할 수 있는 다양한 상황을 실제 사례에 접목시켜 제시하면서 이 연령대의 발달적 특징을 잘 설명하고 있다. 따라서 교사와 부모가 만 10~11세 아동의 정서적, 신체적, 사회적 발달을 이해하는 데 있어서 중요한 참고 서적이 될 것이며 앞으로 이들을 지도함에 있어서도 지침 역할을 할 것으로 여겨진다.

2012년 6월

역자 대표 이동훈

■ 감사의 글

이 책의 내용에 기여한 많은 아이들과 부모님에게 감사의 뜻을 전한다. 또한 익숙한 것들을 발견할 수 있게 해준 나의 특별한 딸에게 감사한다.

■ 머리말

타비스톡Tavistock 클리닉은 훈련, 임상적 정신건강 관리, 연구와 학문적 활동 등에서 뛰어난 센터로 세계적인 명성을 지니고 있다. 1920년에 설립된 이 클리닉의 역사는 기념비적인 의미를 지니고 있다. 이 클리닉이 설립될 당시에는 정신건강 문제에 대한 사회적 예방과 치료 방법에 대한 연구의 기초로 활용될 수 있는 치료법을 제공하고, 이 새로운 치료 기법들을 다른 분야의 전문가들에게 전수하는 것을 목적으로 하였다. 이후 이 클리닉의 관심사는 외상trauma의 치료, 집단 속에서 이루어지는 의식적 · 무의식적 과정의 이해, 그리고 발달심리학 분야에서 중요하면서도 영향력 있는 활동 등에 집중되었다. 의료 전문가들은 분만 전후(임신 20주 이후 분만 28일 사이)에 태아胎兒나 영아嬰兒와 사별하는 사례에 대한 연구를 통해 사산死産경험을 보다 정확하게 이해하게 되고, 그에 따른 고통을 경험하는 부모와 가족들을 지원해주는 새로운 기법이 개발되어야 한다는 필요성도 인식하게 되었다. 1950년대와 1960년대에 걸쳐 자녀와 부모 사이의 상호작용을 강조하는 체계적인 심리치료 모델이 개발되면서 타비스톡에서 실시된 가족 치료 훈련과 연구 활동의 이론적 지식과 치료기법들도 상당히 많이 축적되어왔다.

『자녀 이해하기Understanding Your Child』 시리즈는 타비스톡 클리닉의 변천 과정에서 중요한 위치를 차지한다. 이 시리즈는 1960년대, 1990년대, 그리고 2004년의 3번에 걸쳐 완전히 새로운 내용으로 바뀌었다. 임상 경험과 전문가로서의 훈련 경험을 쌓은 저자들은 이 시리즈가 바뀔 때마다 관찰되고 경험했던 '평범한 발달'에 대한 평범하지 않은 사례들을 시리즈의 내용에 반영해왔다. 사회가 변화하므로 이 시리즈의 내용도, 발달과정에 있는 아이가 부모, 돌봐주는 사람, 그리고 더 넓은 세계와 상호작용하는 방식에 따라 일어나는 일상적인 일들을 이해하려고 노력하면서 바뀌어왔다. 그러나 이러한 변화 가운데서도 변함없이 지속된 것이 있다. 즉, 각 발달 단계에서 경험되는 강렬한 감정과 정서가 중요하다는 발달관은 변함없이 열정적으로 유지되고 있다.

이 책에서는 더 이상 어린아이가 아닌 두 자릿수의 나이에 이른 만 10~11세를 중심으로 다루게 된다. 이 연령대의 아동들은 어른들의 세상에 대한 인식이 보다 커지고 일정 부분 참여하고 싶어 하게 된다. 아동은 커져 가는 독립심을 경험하게 되지만 아직까지는 한두 집단에 상당한 소속감을 갖고 생활한다. 이 책에서 레베카 버기스Rebecca Bergese는 부모나 전문가가 어떻게 하면 이 연령대의 아이들에게 조금 더 자유를 주면서 동시에 아이들이 보이는 신체적 변화에 대한 감정이나 학교 생활이나 따돌림 같은 행동들에 효과적으로 대처하고 지지를 해줄 수 있을지에 대해 다루고 있다. 그녀는 청소년기로 접어드는 길목에 서 있는 아이들에게 효과적으로 지지를 해줄 수 있는 훌륭한 조언들을 제시하고 있다.

조나단 브래들리Jonathan Bradley

아동심리치료사

『자녀 이해하기Understanding Your Child』의 책임 편집자

서론

나에게 등을 돌리고 앉아 있는 키가 크고 머릿결이 좋은 금발머리 소녀가 보인다. 소녀는 앞마당의 벽 모퉁이에 편안한 자세로 앉아 어머니가 집에 오는 것을 기다리고 있다. 소녀는 핑크색 티셔츠에 멋스러운 구제 청바지를 입고 있으며, 청바지 위로는 짧은 줄무늬 치마를 입고, 목에는 몇 개의 은목걸이를, 귀에는 이리 저리 흔들거리는 긴 귀걸이를 하고 있다. 에린은 자신의 무릎 위에 작은 물건들을 몇 개를 놓고 만지작거리고 있다. 가까이 다가가면서 보니 빗, 새끼 고양이, 큐빅으로 채워진 하트, 돌고래, 성나 보이는 다람쥐, 그리고 나무로 만든 아프리카 지도와 같은 금속 장식들로 가득한 열쇠장식을 낑낑거리며 가방에서 분리하려고 하고 있다. 나를 보더니 가방에 장식들이 너무 많아 책가방이 무거워지니까 정리를 하고 있다고 설명을 한다. 그 장식들은 여름방학 동안 놀러 갔던 놀이공원, 친구의 생일잔치 또는 바닷가 가족여행에서 가져온 것으로 마치 메달이나 트로피인 양 가방에 주렁주렁 매달려 있다. 에린은 액

세서리들이 너무나 많아졌기에 내년에는 지금 가방보다 훨씬 큰 가방이 필요할 것 같다고 활짝 웃어 보이며 말한다. "우리도 개인 물품 보관실이 생길까요?" 고등학교에 대한 TV쇼나 프로그램들을 통해 본 것들을 확인이라도 하듯 묻는다. 나는 아마도 물품 보관실이 생기겠지만 수업을 옮겨 다니느라 바빠서 쓸 시간이 있을지는 모르겠다고 답했다. 에린이 내 가방을 보더니 내 가족에 대해서 묻는다. 그녀는 16세는 남은 시간에 뭘 하고 시간을 보내는지 물어보는 등 호기심이 가득하다. 다시 내가 집으로 향하고 있을 즈음, 에린의 어머니가 현관문에 서서 문을 열어주려고 하신다.

남자아이들 4명이 길거리에서 꽤나 열심히 바람 빠진 공을 밀고 있는 건지 차고 있는 건지 모르게 공을 차면서 근처를 지나가고 있다. 서로에게 응원의 소리를 보내며 마치 한 무리의 관중을 보는 듯한 착각이 들 정도로 소란스럽게 이리 저리 뛰어다니며 지나가고 있다. 하지만 내 옆을 지나면서는 조심스레 목소리를 낮추고 동작도 줄인다. 아이들 중 검은 머리를 가진 창백한 피부에 키가 작은 아이가 있었는데 친구의 생일파티 때 축구를 하겠다는 생각에 여념이 없다. 나에게 가까워지면서 아이는 오후에 친구 생일파티에서 축구를 하겠다는 자신의 생각에 대한 친구들의 반응을 살피며 자신의 목소리가 친구들에 비해 크지는 않은지를 본능적으로 살핀다. 아이들 쪽을 바라보며 웃어보지만 아이들은 나와 눈을 마주치지 않으려고 이리저리 피할 뿐이며 똑같은 헤어스타일의 아이들의 머리는 마치 부드러운 언덕 꼭대기를 보는 듯한 느낌을 준다. 아이들 중

2명이 새 축구공을 살 돈을 모을 수 있다면 이따가 공터에서 만나 공원에서 하다만 페널티킥 시합을 계속하자고 한다. 그러자 다른 아이가 집에 가면 아버지가 잔돈을 잔뜩 모아놓은 병이 있으니 모퉁이에 있는 가게에서 축구공을 살만한 돈은 충분히 구할 수 있을 거라고 자신한다. 아이들은 꽤나 즐거운 오후 시간을 보내게 될 것 같다. 저쪽에서 에린이 아이들을 잠깐 바라보다가 더리카락을 한 번 털어내곤 어머니를 따라 집 안으로 들어간다.

'두 자리 숫자'의 나이가 되다

아이들이 학교를 다니기 시작하면서 이름과 숫자의 뜻을 이해하고 셀 수 있게 되면, 아이들은 종종 자신들이 두 자릿수의 나이인 만 10세가 될 때를 목이 빠지게 기다린다. 만 7~8세의 아이들에게 만 10~11세라는 나이는 성숙, 지식 그리고 독립을 의미하는 동시에 지금까지 얻지 못했던 독립성을 부여받는 높은 지위를 의미한다. 이런 아이들의 생각과 어른들의 생각에는 상당한 차이가 있을 수 있겠지만, 만 11세 아이들에게 이 시기는 상당히 즐거운 시기이면서 동시에 보다 복잡한 감정을 동반하는 어려운 시기를 의미한다. 이런 부분들이 본서에서 다루어진다.

앞으로 다루어지게 될 내용들은 더 이상 어린아이들이 아닌 아이들이 세상을 바라보는 관점에 초점을 두게 되는데, 이는 아이들이 어른이 되었을 때 갖게 되는 관점이나 기술들과 큰 차이를 보이지 않는다. 만 10~11세 아이들의 이런 관점은 시그먼트 프로이드Sigmund Freud, 멜라니 클라인Melanie Klein, 윌프레드 비온Wilfred Bion, 그리고 도날드 위니콧Donald Winnicott과 같이 성인과 아이들에 대한 광범위한 전문 경험에 근거해 자신들의 이론 등을 개발한 정신분석가들에 대한 이해와 이론적 사고에 기반하고 있다. 이 책은 어떤 가이드나 핸드북이라기보다는 만 10~11세 아이들의 세상에 대한 설명이며 이런 아이들의 세상을 정서적 발달과 연결시키는 역할을 한다. 본서가 정신분석에서 아이디어를 가져왔기 때문에 감정은 우리 삶의 내적인 부분이며, 종종 신체건강이나 우리를 둘러싼 세상에 대해 사고하고 이해할 수 있는 능력과 같은 요소들에 큰 영향을 준다는 전제를 가지고 있다.

도입 초반부에 등장하는 아이들은 모두 막 만 11세가 되는 아이들로 초등학교를 졸업하고 중학교로 진학하기를 손꼽아 기다리고 있는 아이들이다. 중학교에서 이들이 겪게 될 코앞에 닥친 변화는 다시 제일 저학년이자 제일 '조그만' 아이들로 살아야 한다는 사실이며, 이는 아이들에게 복잡한 감정을 불러일으킨다. 이들 중 일부는 상급학년에 재학 중인 언니나 오빠가 있을 것이고, 이런 나이 많은 형제들을 통해 자신들이 앞으로 커가며 겪게 될 일들을 간접적으로 경험하기도 할 것이다. 어쩌면 자신들보다 나이 많은 아이들의 삶에 서서히 발을 들여놓는 것에 대해 안도와 즐거움을 느낄지도 모른다. 또 어떤 아이들은 에린과 같은 장남, 장녀일 것이다. 여동생이 2명인 에린은 자신이 장녀라는 사실과 제일 빨리 10대가 되어 자신이 입고 싶은 옷을 고르고, MP3로 듣고 싶은 노래를 듣고, 자신의 핸드폰을 갖게 될 행운아라고 느낀다. 다른 만 10세 여자아이들은 다른 아이들과 수영을 하러 가거나 잡지에서 모은 유명모델이나 유명남성밴드 사진들을 공유하기도 할 것이며, 또는 승마를 하거나 동네 오케스트라에서 연주를 하는 전문적 스킬을 요하는 그룹의 일원이라는 사실을 즐기는 등 자신들의 일상에서 편안함과 만족감을 느끼고 있을 것이다. 자신들이 성장하게 될 것이라든지 언젠가는 자신들보다 나이 많은 여자아이들이 하는 활동이나 관심사를 갖게 될 것이라는 사실은 아직은 먼 훗날의 이야기이거나 남의 이야기처럼 들릴 것이다. 이 아이들에게는 오존층에 생긴 구멍을 이야기하면서 환경 문제에 대한 인식을 높이자는 자선운동 활동이 훨씬 재미있는 일이며, 먹고 살기 충분한 돈을 번다든지 혹은 할아버지의 건망증에 대한 걱정 등은 어른들이 하도록 내버려둘 것이다.

지금까지의 짤막한 묘사들은 만 10~11세 아이들의 특성을 아주 잘 나타내준다. 지금부터는 집과 가정의 보호하에 누렸던 셀 수 없이 즐거웠던 유년시절의 기억들을 뒤로 하고 보다 독립적이고 자기 인지적인 관점을 갖기 시작하게 될 것이다. 이제껏 겪지 못했던 도전과 어려움을 마주치게 되는 아이의 세상을 이 책에서 살펴보게 될 것이다. 이 연령대의 아이들이 세상을 바라보는 관점을 조금이라도 이해하기 위해서 우리는 아이들이 갖게 되는 걱정거리나 문젯거리들, 즐거움이나 행복을 느끼는 것들이 어떤 것들인지 생각해볼 필요가 있다. 그렇게 함으로써 우리는 아이들이 어떤 문제에 부딪혔을 때 도움을 줄 수 있는 무언가를 갖게 되는 것이다.

모든 연령대의 사람들은 자신들이 속한 해당 연령대에서 끊임없는 개별적 발달을 겪게 될 것이다. 마찬가지로 아이들은 자신들의 실제 나이에 관계없이 자신만의 발달 단계를 거치게 될 것이다. 하지만 상당한 다양성을 보이는 감정적, 신체적, 정신적 성숙의 발달 정도나 쉽게 바뀔 수 있는 세상에 대한 관점은 이 연령대의 아이들에게서 보이는 일반적인 특성이다. 이러한 특성들은 만 10세 아이들의 학급을 가보면 확연히 드러나는 것들이다. 이런 교실에 가보면 만 8~9세처럼 체구가 작고 홀쭉한 아이들이 있는가 하면 청소년기의 아이들같이 키가 큰 아이들도 마주치게 된다. 그중에서도 사춘기에 나타나는 신체적 변화를 보이는 아이들이나 교실에서 이리저리 낄낄거리며 뛰어다니는 장난기 많은 아이들도 있다. 때로는 이런 다양한 모습을 보이는 아이들이 모두 같은 나이라는 것을 상상하기 힘들 수도 있을 것이다.

아직 청소년기는 아닐지라도 이 연령대의 아이들의 가장 잘 드러나는 특징은 보다 큰 집단에 소속감을 갖는 것이다. 그럼으로써 아이들은 어떤 집단에 확고한 구성원으로서의 위치를 즐기는 동시에 점점 커져가는 정체성을 인식하고 결국에는 독립적인 삶을 추구하게 될 것이다.

제1장

가정 생활

오늘날의 아동은 다양한 가족 구성 형태에 익숙하다. 아동은 학교에서 한부모나 양부모, 혹은 동성이나 이성의 보호자로 구성된 다양한 형태의 가족 구성원을 가진 친구들을 만나게 된다. 요즘의 아동은 가족 구성원이 어머니, 아버지, 그리고 형제 1~2명으로 이루어져 있지 않아도 자신이 친구들과 다르다는 느낌을 받지 않는다. 오히려, 다양한 연령으로 구성된 가족을 갖는 것에서 연대감을 느끼고 자신이 정상이라는 느낌을 가질 수도 있다. 만 10~11세의 아동은 사회적으로나 학교에서 다양한 가족 구성 형태를 가진 친구들을 만났을 것이다. 어떤 아동은 태어났을 때부터 현재까지 쭉 양쪽 부모와 함께 살고 있는 반면에, 어떤 아동은 양쪽 부모와 함께 살았던 기억은 있지만, 현재는 부모 이혼 등의 이유로 다른 상황에서 생활하고 있는 아동도 있을 것이다. 아동에게 가족과 가정 생활이 갖는 영향력은 매우 크며, 이것은 이 나이 또래에만 국한되지 않는다. 가정 생활이 어떻게 아동에게 영향을 미치고, 아동에게 얼마만큼 도움이 될 수 있는지는 아동의 과거 가정 생활 경험과 세상을 바라보는 아동의 선천적 관점에 달려 있다.

다양한 종류의 가족 구성 형태가 아동들에게 익숙하기 때문에, 우리는 아동들이 자신의 가족의 안정성과 탄력성을 바라보는 시각을 추측하는 데 신중해야 할 필요가 있다. 어떤 아동은 자신의 위치와 자기 자신에 대한 감각을 갖고 세상에 태어나는데, 이 감각은 아동이 가족 내에서 일어날 수 있는 다양한 변화에 적응할 수 있게 도움을 준다. 반면에 가정에서 일어나는 일들과 일상적인 변화에서조차 어떻게 대처해야 하는지 확신을 가지지 못하고 의심하는 아동도 있다. 더욱 혼란스러운 점은, 만 10~11세의 아동은 가족으르부터 분리되어 집단 안에서 잘 지내기 위해 자신의 전반적인 감정들을 관리할 수 있는 방법을 이미 구성해야 했기 때문에, 더 어린 아동이 그러는 것처럼 자신의 약점이나 불안에 대한 표시를 잘 나타내지 않는다. 따라서 만 10세의 아동이 부모의 부재에 대한 걱정이나 불안을 신체적으로 표현하거나, 혹은 격렬하게 화를 나는 등으로 나타내는 일은 대체로 흔하지 않다.

어머니와 아버지

아동이 부모에 의해서 양육되지 못한다 할지라도 어린 아동의 삶에서 가장 중요한 관계는 의심의 여지없이 부모와의 관계이다. 우리가 관찰을 통해 알고 있듯이 생애 초기에 아동은 그들의 생존과 관련하여 철저하게 모든 것을 어머니에게 의존하게 되는데, 아동과 어머니 사이의 유대는 훗날 서로를 가깝다고 느끼든 느끼지 않던 간에 잠재적으로 매우 강하다. 발달시기 내내 어머니와 자녀는 아동의 신체적 독립을 위한 분리 과정에 있게 된다. 이러한 과정은 아동이 사회적 의사소통과 숙련된 행동을 통하여 세상에 혼자 살아나갈 수 있도록 돕기 위한 의식적인 노력에서 가장 명확하게 일어난다. 반면에 우리의 태도, 우리가 갖는 기대, 인생의 즐거움에 관해서는 조금은 불명확한 방식으로 일어나는데, 결과적으로 아동의 신체적, 지적, 정신적 발달에도 영향을 주게 된다.

'스스로에게 힘이 있다는 느낌'과 '자신들을 지원해주는 자원이 풍부하다는 느낌' 사이에 적절한 균형이 이루어져야 하며, 동시에 아동들이 정말로 자기 스스로를 돌볼 준비가 될 때까지 지속적인 안정감과 정서적 지원을 제공하여야 한다. 이러한 발달 과정은 부모 자신들의 어린 시절의 경험을 비롯하여 부모의 성격이나 부부관계로부터도 영향을 받게 된다. 실제로 이 단계에서 요구되는 정서적 과제는 상당히 도전적이어서 종종 우리가 생각지도 못할 때 분노나 상실감과 같은 힘든 감정을 불러일으킬 수 있다.

아동이 처음으로 놀이방이나 학교에 다니게 될 때, 부모들의 심경은 꽤나 복잡해진다. 직장을 가진 대부분의 어머니들은 출산 휴가를 마친 후나 자신의 자녀가 학교에 입학한 후에 직장으로 복직하기를 손꼽아 기다린다고들 말하지만 막상 자녀가 입학하고 직장에 복직한 후 며칠은 완전히 상실감에 빠지게 되며 업무에 집중할 수 없게 된다. 만 10~11세의 아동은 또래 집단 친구들과 동일시를 시작하면서 자신의 어머니보다는 조금 덜하지만 같은 딜레마와 정서적 갈등을 여전히 경험한다. 아동들이 성장하면서 부모나 보호자와의 관계에서도 미묘한 변화가 일어나게 되는데, 이 시기에 아동들이 보이는 급격한 신체 변화에 의해 부모와 자녀와의 관계가 복잡해진다. 만 10세의 여자아동이 사춘기에 접어들면서 나이에 비해 성숙해보일 수도 있지만, 정신적으로는 여전히 지난 몇 년간 집에서 자신이 즐기던 놀이와 게임을 통해 습득한 안도감과 친밀감을 원하고 있다. 만 10세의 여자아동이 홀로 친구들과 외출하고, 자신을 책임지고, 가족 일을 같이 걱정할 준비가 된 것으로 생각하기 쉬울 수도 있으나, 아직 어른의 생활방식에 수반되는 복잡한 감정들을 다룰 준비가 되어 있지 않다.

미란다가 같은 학급 여자아이들이 화장품과 유행하는 옷에 관심을 갖는 것에 대해 불편함을 느끼기 시작했을 때가 11살이었다. 몇몇 아동들은 근처 중학교 오빠들이나 같은 학급의 남자아이에 대해 신이 나서 낄낄거리며 이야기를 하였다. 일부 학급 친구들은 미란다의 긴 다리, 큰 키, 큰 갈색 눈, 날씬한 몸매와 아름다운 피부를 질투했으며 10대가 원하는 모든 것을 가진 미란다를 자신들의 대화에 참여시키기보다는 책을 읽거나 지역자연관찰부 활동에 참여한다는 이유로 시기하며 놀려댔다. 미란다는 이러한 분위기에 혼란스러워했고, 부모님에게 보드게임을 같이 하자고 하거나 밤에 디즈니 영화를 같이 보자고 하는 등 점점 더 부모님의 관심을 받길 원했다.

처음에 어머니는 미란다와의 관계가 가까워지는 것에 대하여 기뻐했으나, 시간이 지남에 따라 미란다가 융통성이 없다는 것을 알게 되었고 어느새 미란다와의 놀이는 바쁜 평일 저녁의 허드렛일이 되어 버렸다. 겉보기에 순하고 낙천적이며 집안일을 잘 돕는 등 평소 미란다가 매우 성숙하고 책임감 있어 보였기에, 이러한 미란다의 행동이 어머니에게는 잘 이해되지 않았다. 그제야 미란다의 어머니는 자신이 중학교로 진학할 무렵에 경험했던 청소년기에 대한 걱정과 신체적 변화에 대한 두려움을 기억해냈다. 그리고 미란다가 갑자기 집에서의 생활에 관심을 보이는 것이나 장난감을 가지고 놀기 원하는 것이 미래에 관한 걱정에서 비롯되었다는 것을 이해할 수 있었다. 미란다는 낯설고 어렵게 느껴지며 피할 수 없는 정신적, 신체적 성장 및 발달을 되도록 늦추고 싶었던 것이다.

평소 미란다의 어머니는 딸과 많은 대화를 나눠왔기 때문에, 딸이 가지고 있는 걱정거리에 대해 같이 이야기를 나누는 데 별 어려움이 없었다. 미란다의 어머니는 미란다가 어렸을 때 좋아하던 게임들을 할 수 있는 시간을 주는 동시에, 중학교 여자아이처럼 좀 더 성숙한 여자아이가 관심 있어 하는 옷이나 활동들에 관심을 가질 수 있도록 도왔다. 어머니는 딸의 이런 모습에서 조바심을 느꼈지만, 딸을 격려하고 인내심을 가지고 대하는 것이 딸을 안심시키는 것이라는 것을 알았다. 청소년기를 향해 서둘러 성장할 필요는 없지만 청소년기에 대한 두려움으로 인해 어린 아동의 모습으로 돌아갈 필요도 없다는 것을 이해할 수 있게 도울 수 있다는 것을 알았다. 또한 어머니는 미란다가 또래 친구들의 반응에 자신감을 갖도록 함께 영화를 보거나 자신의 중학교 시절의 경험에 대해 이야기해줌으로써 안전한 심리적 공간을 제공하였다.

이 사례는 아동과 어머니 혹은 가까운 보호자 사이의 관계가 얼마나 중요한지를 보여준다. 이 시기에는 생존에 관련된 모든 것을 어머니에게 의존하던 유아 때와는 다르게 부모나 보호자의 중요성이 그다지 분명하고 즉각적이지는 않다. 많은 만 10~11세의 아동은 가족과 떨어져서 친구들과 함께 시간을 보내거나 부모님의 간섭에서 벗어나 개인적이고 독립적으로 할 수 있는 활동을 하기를 원한다. 부모는 자신의 취미 활동이나 친구들을 만날 수 있는 여유가 생기므로, 이를 기쁘게 여길 수도 있다. 그러나 때때로 만 10세 아동의 독립심에 놀라기도 하고, 아동기의 모든 단계에서 나타나는 갑작스러운 변화와 성장에 곤란함을 느끼고 상처를 받기도 한다.

부모는 자녀가 컴퓨터게임을 하거나, 인형을 가지고 놀거나, 카드를 수집하거나, 복잡한 우주선 모델을 만드는 것을 한 발짝 뒤에서 지켜보면서 아동과 주말을 보내는 것에 익숙해져 있을지도 모른다. 이러한 시간은 많은 가족들에게 가족 모두가 함께 즐거운 시간을 보냈던 소중한 시간이다. 그러나 어느 순간에 부도들은 더 이상

나의 아이가 공원에서 함께 놀아주는 것을 원하지 않는다는 사실을 알게 된다. 어느 날 갑자기 부모는 아이에게 있어서 모든 즐거움과 슬픔을 함께하는 최고의 친구가 아닌 것이다. 부모가 최고의 친구로서 함께 보낸 시간을 소중히 여길수록, 이 갑작스런 변화에 대한 적응기간이 필요할 것이다. 이러한 아동의 성장에 부모가 놀라서 당황하게 된다면, 보다 미묘해진 아동의 사랑과 관심에 대한 요구를 놓치게 된다. 자연스럽게, 부모가 아동에게 제공하는 지지와 우정은 실제 환경, 아동의 성격, 그리고 부모가 가지고 있는 자원들에 대한 조심스러운 평가를 바탕으로 이루어져야 한다. 앞에서 언급했듯이, 아동에 대한 부모의 반응은 부모 자신의 어렸을 적 가정 환경의 영향을 받는다.

부모와 아동이 갖게 되는 문화적 차이를 언급하는 것 또한 중요하다. 이 연령대의 대부분의 아동은 부모의 성장기와는 판이하게 다른 성장기를 경험하게 된다. 부모와 아동 간의 이런 문화적 차이는 가족이 좀 더 경제적으로 안정된 환경에 정착하기 위해서 고유의 문화를 떠나 다른 문화나 다른 나라로 이민을 갈 때 분명하게 나타난다. 부모들은 자신의 알고 있던 문화와는 심리적으로 매우 다른 문화 속에서 어려움을 감내하며 성장했을 수도 있다. 서양문화에서는 성장하는 아동이 불평등과 압력으로부터 보호받아야 한다고 일반적으로 생각한다.

아동기를 바라보는 태도는 문화에 따라 다르게 나타날 수 있다. 부모는 자녀가 새로운 문화의 혜택을 받기를 바라면서도 새로운 문화가 성장하는 아동에게 도덕적으로 미칠 영향에 대해 의구심을 갖는다. 이 부분은 복잡한 문제여서 이곳에서 자세하게 다루기는 어렵지만, 부모는 만 10~11세의 아동의 독립심에 대한 고집에 맞닥뜨리게 될 때 마음이 복잡해진다. 아동의 성장을 돕는 데 있어서 우리의 능력의 한계는 우리 자신에 대해 얼마만큼의 안정감을 느끼고 있으며, 주변 환경에 대해 편안함을 느끼고 있는지에 달려 있다. 만일 우리가 가족들과 멀리 떨어져서 살고 있어서 주변에 연락할 수 있는 친구나 친인척이 없다면, 우리의 아동이 더 큰 세상과의 접촉을 통해 도움을 얻을 수 있다는 확신을 갖기 어렵게 된다. 하지만 우리의 아동이 형제나 학교에서의 또래를 비롯하여 어른들과 잠정적인 관계를 형성할 수 있도록 돕는 것이, 결과적으로 아동이 학교에서뿐만 아니라 훗날 직장이나 보다 친밀한 관계에서, 나아가서는 보다 넓은 세상에서 자신감과 소속감을 갖도록 도울 수 있다.

어머니

이 연령대 아동의 이상형에 꼭 들어맞는 어머니가 있을까? 함축적으로 어머니는 복잡하고 정교한 사고와 감성을 가진 존재로서, 가정 환경은 아동의 마음속에 어머니에 대한 정체감을 형성하도록 기여한다. 때로는 건강과 불운 등과 같은 최악의 상황으로 어머니가 자녀와 함께하지 못한다 할지라도, 아동은 자신의 어머니의 존재를 인식하고 있을 뿐만 아니라 어머니에 대한 강한 애착을 가지고 있음을 보여주는 많은 증거들이 있다. 여기에서 말하는 애착은 유대나 관계를 의미하는데, 반드시 사랑으로 이루어진 관계를 의미하지 않는다. 유대는 애정과 화나고 힘든 감정들이 복합적으로 작용하여 형성되기도 한다.

여기서 중요한 것은 사춘기 이전의 자녀와 어머니 사이에는 깊은 심리적 연결이 있다는 점이다. 이 연령대의 아동은 여러 어머니들 사이에서 어머니들이 가지고 있는 상대적 자산과 질을 비교할 수 있으며, 의식하고 있지는 못하지만, 자신이 가지고 있는 어머니에 대한 그림에 근거해서 정체성 이미지에 비교하여 아동 자신의 정체성을 형성하게 될 것이다. 만약 어떤 소년이 자신의 어머니가 친절하고 너그러우며 낙천적이라고 생각한다면, 이것은 아동의 현재 정체성 형성에 영향을 주기 시작할 것이지만, 결과적으로는 이 소년이 남성으로서 갖게 되는 정체감을 형성하게 될 것이다. 이러한 경험은 아동이 스스로를 생각함에 있어서 자신은 호감이 가고, 효과적이며, 영향력이 있는 사람, 혹은 거부하거나 제한하기 힘든 사람이라고 여기게 만들 수 있다.

어느 쪽이든, 이 연령대의 아동에게 어머니는 다른 가족원이나 다른 어머니로 대체되어질 수 없는 존재이다. 어머니가 꽤 강한 감정의 애착 대상일 수도 있고 아닐 수도 있으며, 아버지나 다른 사람의 존재에도 불구하고 어머니와 함께하는 상상을 하며 자신이 어머니의 선택된 동반자라고 여기는 등의 혼란스러운 망상이 섞여 나타날 수도 있다. 이러한 현상은 남자아동만큼이나 여자아동에게도 나타난다. 때로는 이 현상이 아동의 삶 속에 존재하는 걱정이나 압력과 관련되어 있을 수 있다. 다른 경우에는, 어머니는 아동에게 필요하고 사랑하는 존재이지만, 자신만의 삶이나 견해가 있는 온전한 인간으로는 비춰지지 않는 이상한 형태로 존재한다. 실생활에서 이 사실을 부정한다면 부루퉁하고 짜증 섞인 반응을 얻게 될 것이다. 아마도 만 10세의 아동이 보는 어머니의 가장 이상적인 모습은 질서나 위생을 지나치게 신경 쓰지 않는 오래도록 믿을 수 있는 존재인 듯하다.

이 시기의 아동은 세상을 좀 더 알아가게 되며, 비록 자신들은 크게 이 필요를 못 느끼겠지만 너무 멀지 않은 곳에 어머니가 있다는 것을 아는 것으로부터 이득을 볼 것이다. 이러한 관점은 Enid Blyton이 쓴 책에서 잘 표현되어 있다. 예를 들어, '다섯 명의 영웅'이라는 시리즈에서 등장하는 영웅들은 자신들의 지혜와 재치를 사용하여 여러 종류의 악당들을 쫓는 모험을 한다. 각 이야기 속에서 이들의 일상은 배경 어디선가 집안일로 바쁜 어머니의 등장으로 중단되지만, 어머니는 이들에게 가장 최근의 임무를 수행하는 데 필요한 샌드위치나 캠핑 장비 등을 제공한다. 요즘의 어머니들은 Enid Blyton의 소설 속에 나오는 어머니보다는 더 바쁘고 다양한 삶을 살고 있다. 하지만, 대부분의 만 10~11세의 아동이 가지고 있는 어머니들에 대한 마음속 이미지는 같을 것이다. 즉, 아동이 생각하는 어머니의 이미지는 재미없는 어른들의 활동을 통해 자신들이 상상의 모험을 펼칠 동안 위험으로부터 안전하게 지켜준다는 것이다.

아버지

아버지의 존재는 만 10~11세의 아동의 삶에 매우 중요하다. 이 사실은 부모나 보호자, 특히 아버지 자신에게 매우 복잡한 감정으로 받아들여질 수 있다. 어머니는 아동의 생애 초기에서부터 매우 중요한 역할을 하고, 아버지 역시 아동의 옆에 있든 그렇지 못하든 간에, 아동의 삶의 초기부터 아동의 정서 발달에 중요한 역할을 수행한다. 요즘 세상에는 여성이 갖는 책임감이 점점 늘어나고 있으며 남성의 전유물로 생각되어온 역할들을 수행하는 것을 흔히 볼 수 있는데, 이 점에서 우리는 어머니와 아버지의 역할 또한 서로 바뀔 수 있다고 생각을 한다. 어떤 점에서 이건 사실이고, 이는 부모 간의 자녀 양육 역할 분담에 있어서도 매우 큰 변화를 초래했다. 아동의 양육을 적절히 분담하며 만족을 느끼는 부모를 보고 자란 아동은 자신의 부모를 모델 삼아, 훗날 자신들이 맺게 될 여러 관계에서 이성 간에 협동적이고 유연한 관계를 맺을 수 있게 된다.

동성커플 역시 이러한 기회를 자식들에게 동일하게 제공할 수 있는데, 그 이유는 역할 분담이 성性에 따라 좌우되는 것이 아니기 때문이다. 역할 분담이란 것은 부모들에게 여러 가지의 의미로 해석되어질 수 있어서, 가끔은 부모들로 하여금 육아의 어떤 부분이 남성 또는 여성에게 할당되어져야 하거나 할당되어질 수 있는지에 의문을 갖게 만든다. 그 결과, 과연 아버지가 자녀의 삶에 어떻게 긍정적이고 중요한 기여를 할 수 있을까에 대한 걱정이 늘어나고 있다. 이와 같은 염려는 유감스럽게도 남성적 특성의 긍정적인 요소를 간과하는 근래의 추세와 관계가 있다.

이 나이 또래의 남, 여 아동은 자기 자신과 가족의 관계에 대한 명확한 이미지를 형성하고 있다. 아동이 자신의 아버지와 만난 적이 있든 없든 간에, 자신의 근원이나 자신이 어떤 유형의 가족에 속해 있는지에 대한 개념은 명확하게 형성하게 된다.

이 나이 또래에 형성되는 자신의 부모나 가족에 대한 이미지는 자신을 낳아준 친부모를 모르거나 자신의 출생에 대해 아는 바가 없는 아동들에게도 명확히 나타난다. 또한, 이는 '운동을 잘한다', '용감하다', '키가 크고 힘이 세다' 등으로 자신들이 상상하는 부모로부터 닮고 싶은 품성이나 강점들을 형성해가도록 해준다. 아버지와 동일시될 수 있는 남성의 부재는, 때로 의심과 근심이라는 감정으로 귀결되기도 한다. 존재하지 않는 아버지에 대해 아동이 자유롭게 묻고 대화할 수 있다면, 아버지의 부재에 따르는 아동의 의심이나 걱정의 감정들은 대개 사라진다. 대개는 아동이 자신을 돌보고 아버지가 어떤 존재인지에 대한 개념을 형성하도록 도움을 주는 다른 남성상을 발견하기 때문에, 실제 아버지의 부재는 중요한 문제가 아니다.

다음은 크리스의 이야기이다. 크리스는 외동아들이며, 그의 어머니는 만 17세에 그를 임신했다. 그의 어머니와 아버지는 어린 나이에 임신이라는 심리적 부담감을 이겨내지 못하고 바로 헤어졌다. 그러나 다행히도 그의 어머니는 아기에게 최고의 삶을 살 수 있는 환경을 만들어준 그녀의 부모님의 도움으로 인해 크리스를 낳을 수 있었다. 크리스는 어머니의 양육 속에 자랐지만, 그보다 조부모의 보살핌을 받는 시간이 더 많았고, 이모와 삼촌들과도 집에서 많은 시간을 함께 보냈다. 비록 크리스의 아버지에 대해 언급된 적이 없었으며, 아버지와 연락도 거의 안했지만, 크리스는 꽤 자란 후에도 집안에서 애지중지 귀한 대접을 받으며 부족한 것 없이 안정적으로 자랐다. 크리스의 할아버지는 손자에게 신체적, 사회적 자신감을 심어주기 위해 손님들에게 과일이나 야채를 트럭으로 배달하는 데 크리스를 데리고 다니는 등 손자에게 사려 깊은 관심을 보였다. 크리스는 다정하고 의지할 수 있는 할아버지와의 이런 관계를 좋아했는데, 이는 크리스가 아버지가 없어도 인생을 살아갈 용기를 주었다. 크리스는 할아버지로부터 자신이 남자로서 성장하는 데 필요한 격려를 받았다.

크리스가 후에 '할아버지'와 '친구들과 어울려 미식축구를 하는 것' 사이에서 고민에 빠져 있을 때, 크리스의 할아버지는 손자가 새로운 운동을 할 수 있도록 응원하고 매주 있는 축구 연습에 관심을 보여주었다. 크리스가 미식축구나 크리켓을 할 수 있을 만큼 충분히 자랐고 신체적으로도 건강했기 때문에, 할아버지는 손자를 응원하고 매주 연습에 관심을 보임으로써 자신과 친구들과의 운동 사이에서 고민하는 손자에게 두 가지 모두를 충족시켜주는 매우 만족스런 대안을 제공해주었다. 나중에 크리스가 어른이 될 무렵, 크리스는 자신의 친아버지에 관해 궁금해하기 시작했다. 평소 크리스와 할아버지는 안정적이고 애정 있는 관계여서, 크리스의 할아버지와 어머니는 크리스가 친아버지를 만나고 싶은지에 대해 이야기를 나눌 수 있었다. 또한, 평소 할아버지와의 안정적이고 애정 있는 관계가 있었기에, 크리스는 이 과정에서 여태 자신을 사랑과 관심으로 돌봐준 할아버지를 져버린다는 생각에 놀라거나 화나는 느낌을 받지 않을 수 있었다.

만 10~11세 남자 아동은 그 신체 발달과 몸집에 있어 상당한 차이가 있다. 이 나이 또래에는 좀 더 현실적으로 자신의 남성성에 대해 관심을 갖기 시작한다. 어린 남자아동은 엄청난 육체적인 힘이나 용기, 초인적인 지구력, 온갖 역경에도 불구하고 두려움을 모르는 태도로 전형적인 남성성에 자신을 동일시한다. 옛날 같으면, 만화책의 영웅과 탐험가 이야기에 푹 빠져 있었을 테지만, 요즘 남자아동은 비디오게임이나 TV 프로그램 속 캐릭터, 스포츠 스타에게서 이와 유사한 영웅을 찾는다. 어린 시절에는 자신과 동일시할 챔피언이나 영웅을 가지고자 하는 필요성으로 이와 같은 영웅들을 동경하지만, 만 10세쯤 되면, 현실세계를 좀 더 의식하기 시작하고, 일상에서 인간이 맞닥뜨리게 되는 복잡함과 불확실함에 대해서도 좀 더 인식하게 된다. 어쩌면 난생 처음으로, 가족의 현실 속에서 아버지 혹은 다른 남성이 부딪히게 되는 어려움에 대해 인식하는 것이다. 이를 알게 되면서, 아동의 심경은 복잡해진다. 아동은 이와 같은 자신의 생각이 실제 부모의 성격과 상응하는지의 여부에 관계없이, 아버지를 일종의 영웅으로 보기 때문이다. 만 10세의 남녀아동은 정의가 승리함을 확신시켜주고 자신을 안전하게 지켜주리라 믿었던 슈퍼히어로 아버지에 대한 상상을 간직하고 싶어 한다. 동시에 이 시기의 아동은 개인적 경험이나 텔레비전, 영화 또는 점차 발달되고 있는 현실에 대한 인지력 등을 통해 어른세계의 현실을 자각하게 된다. 어쩌면 이들은 아버지가 실패할 수도 있다는 깨달음을 억누르며 인정하지 않으려 할 수도 있다.

어떤 아동은 자신의 마음속에서 부모에 대한 비판의식이 싹 트는 것을 발견하고 이에 대해 염려할 수 있다. 이럴 때, 대부분의 아동은 부모가 현실세계의 문제에 어떻게 대처하는지를 관찰하고 배움으로써 자신감을 얻는다.

어떤 남자아동은 가족 내에서 남자어른들에게 도움이 되는 존재가 되고 싶어, 어른들 일에 참여하고 싶어 한다. 남자아동이 경미한 말썽을 일으키기 시작하는 때가 바로 이때이다. 처음에는 가족의 경제적인 수입이 끊기는 것과 같이 가족의 어려운 상황을 알게 되는 것에서 오는 무력감이 동기부여가 될 수도 있다. 이 시기의 남자아동에게 자신이 아직 신체적으로나 정신적으로 이 상황을 타개하는 데 도움을 줄 만큼 성장하지 못했다는 것은 꽤나 혼란스럽고 속상한 일이다.

리스는 그의 어머니가 일자리를 잃었을 때 그의 어머니와 새 아버지를 돕기 위한 방법을 찾기 위해 노력했다. 그는 어머니의 수입이 없으면 가족들이 살아갈 수 없다는 것을 알고 있었다. 그는 가족들의 걱정을 해결해주지 않는 새 아버지에 대해 분노를 느꼈고, 그러한 고통을 겪지 않는 모든 사람들에 대해 적개심을 가지게 되었다. 이에 따라 점점 사람들과 말을 하지 않게 되었고, 그의 분노 감정은 마음속에 쌓여갔다. 어느 날, 우연히 그는 학교의 주차권 판매 기계의 돈 넣는 구멍에 꼭 맞는 외국동전을 길에서 주웠다. 혹시나 이 외국동전으로 어머니의 돈을 아낄 수 있는 방법이 있나 하는 호기심에서 주차권 판매 기계에 주운 동전을 넣어보았다. 유감스럽게도 기계가 동전을 삼켜버렸지만 곧바로 기계장치가 막혀서 고장이 나버렸다. 리스는 어머니의 돈을 아끼는 데 실패했다는 생각에서 실망감을 느낌과 동시에 조금은 통쾌한 생각이 들기도 하였다. 고장 난 기계 때문에 다음날 학교에 출입하는 모든 부모들이 불편함과 짜증을 느끼게 될 것이기 때문이었다.

잠시 동안 리스는 무기력하고 시시하고 무료한 일상과 대조되는 이런 해프닝으로 스릴과 즐거움을 느꼈다. 만약 새 아버지의 이해와 도움이 없었다면, 리스는 자신의 다소 파괴적인 행동을 정당화하고 지속했을 것이다. 새 아버지에게 젊은 시절에 리스와 같이 파괴적이고 비행을 저지르던 사촌동생이 있었다는 것은 다행스런 우연이었다. 새 아버지는 이 사촌동생을 여러 번 경찰서로부터 집으로 데려온 경험이 있었기 때문에 리스의 행동과 같은 비행행동에 대해 잘 알고 있었다. 리스의 이러한 행동이 학교 선생님에게 발각되어 집으로 전화가 왔을 때, 그의 어머니와 새 아버지는 무엇이 리스를 걱정시키고 있는지에 대해 이야기를 나누었다. 속마음을 터놓고 이야기하는 과정에서 리스는 자신의 어린 나이나 적은 수입에도 불구하고 자신은 가족으로부터 사랑받고 존중받고 있음을 알게 되었고, 이로 인해 리스는 차분해지고 가족의 미래에 대해 희망을 가지기 시작했다.

조부모와 친척들

아동이 만 10~11세가 될 무렵이면 아마도 진작부터 친척들과의 관계가 형성된 상태일 것이다. 이는 부모와 아동에게 자신들을 연결지을 수 있는 어른들로 이루어진 네트워크를 제공하게 된다. 조부모는 만 10~11세 손자, 손녀들의 삶에 굉장한 영향을 줄 수 있으며 아동과 그 양육자 모두에게 큰 이점이 될 수도, 그렇지 않을 수도 있다.

요즘은 조부모를 비롯해 가까운 친인척들과 자주 볼 수 있는 거리에 살지 않는 가족이 흔하다. 그렇지만 어떤 식으로 변화된 관계이든지 간에, 친척관계는 아동의 장래와 기대에 일정 부분 기여하며 영향을 미친다. 하산의 가족에 대한 이야기를 살펴보도록 하자.

하산은 그의 어머니 라우라와 함께 작은 방 한 칸의 공동주택에 살았다. 그의 어머니는 하산이 3살 때 남편과 헤어졌으며, 자신과 아들을 부양하기 위해 긴 시간 일을 해야 했다. 라우라의 부도님과 하산의 아버지는 라우라가 태어나고 자랐던 지방의 소도시에 그대로 살았지만 그곳에서 기차로 2시간이나 떨어져 있는 곳에서 새롭게 시작한 라우라의 결정에 놀라기도 하고 서운한 감정도 느꼈다. 라우라에게 있어서 이러한 결정은 과거로부터 벗어나 새로운 삶을 살기 위해 꼭 필요한 것이었지만, 이로 인해 그녀는 자신의 부모를 가까이에서 볼 수 없게 되었다.

라우라는 곧 도시에서 안정적인 직장을 찾았고 여기에서 오는 자립심을 즐겼다. 운 좋게도 하산을 위한 좋은 보육시설도 찾을 수 있었고, 하산이 좀 더 자랐을 때는 취업가계를 위한 육아브조 프로그램이 잘 되어 있는 도시의 학교에 보낼 수 있었다. 하산은 활기차게 친구들과의 관계를 즐기고, 방과 후에는 선생님들과 어른들의 따뜻한 가르침을 받으면서 지냈다. 그는 할아버지, 할머니와의 전화 통화를 좋아했고, 후에 컴퓨터를 사면서 그들에게 이메일을 보내기도 했다. 표면상으로는 모든 것이 안정적이었으며, 라우라의 부모님 역시, 딸과 손자의 도시에서의 안전이 다소 걱정되고 딸이 자신들을 떠났다는 점에서 슬픔을 느끼기는 했지만, 딸이 시작한 새 삶에 적응하고 있었다. 라우라와 그녀의 부모는 하산의 양육에 관해서는 의견이 항상 일치하지는 않았지만, 하산을 키우는 데 있어서 그녀의 부모가 상당히 중요하다고 생각했다. 사실 라우라의 부모님이 느끼는 걱정은 모든 부모들이나 조부모들이 할 수 있는 자연스러운 걱정거리들이었다. 그들은 라우라에게 줄 수 있었던 인생의 요소를 하산에게도 주기 원했고, 이를 바로잡고 싶은 마음에서 방학 때면 하산을 집으로 초대해서 머물게 했다.

소년 시절에 하산이 조부모집에 머물 때, 그는 마로니에 열매를 찾기 위해 숲을 가로질러 걷는 것이나 집과 가까운 나무에 오르는 것을 즐겼다. 하산을 근처 동물원에 데리고 가거나 저녁시간에 할아버지와 함께 컴퓨터 게임을 하는 등 하산의 조부모는 라우라가 해줄 수 없는 또 다른 방법으로 하산의 욕구를 충족시켜주었다. 그러나 하산이 성장할수록 방학 동안에 집에 머물면서 다른 활동들을 더 많이 하기 시작했으며, 아직 청소년기는 아니었지만 그의 관심사는 달라지고 있었다. 하산은 할머니가 전화를 했을 때 집에 있지 않는 날들이 많았으며, 할머니가 하산이 소속되어 있는 미식축구 팀이나 수학여행 등에 관심을 갖고 이것저것 물어보면 귀찮아하기 시작했다. 하산은 전형적으로 자신이 어중간한 위치에 놓여 있음을 깨달았다. 그는 그의 조부모에게 매우 애착을 가졌고 사랑을 듬뿍 주는 그들과 함께한 추억도 많았으며, 시골집의 나무와 공간을 좋아했다. 그러나 그는 만 10세의 나이에 이제는 성장하는 것에 대한 도전과 모험을 하길 원했으며,

> 현실이든 상상이든, 이러한 과정들이 그가 홀로서기를 위해 자신의 능력들을 시험해볼 수 있는 좋은 기회라고 여겼다. 하산과 친구들은 부모님들이 허락하지 않을 거라는 것을 뻔히 알았지만 함께 여행가는 것에 대해 이야기를 나누기도 하였으며, 하산은 그의 따뜻한 친척들에게 의지하고 따뜻한 관계를 가지는 것에 대해 불편해지기 시작했다.

위의 사례에서처럼 하산이 느끼는 딜레마는 아동이 실제로 의식하지 못한 채로 내면에서 일어난다. 이러한 현상은 취미 활동에 능동적으로 참여하고, 또래 집단과는 활발히 사회적 교류를 하다가도, 고모나 조부모와 함께할 때에는 말수가 줄어들고 내성적인 아동의 모습으로 나타나기도 한다. 하산의 조부모는 친구들의 도움으로 하산에게 이와 같은 변화가 생겼다는 사실을 눈치 챘고, 전화 통화를 할 때 반가워하지 않는 그의 태도나, 이전보다 방문횟수가 줄어든 것에 더 이상 당황하거나 거부당했다고 여기지 않게 되었다. 여름방학이 되자, 조부모는 하산과 그의 친구를 초대했다. 전문가들이 지도하는 지역 클럽에 등록시켜주고 남자아동을 위한 캠핑 여행을 준비해주었다. 이로써 하산은 친구들과 새로운 관계를 구축한다는 명목으로 조부모와의 관계를 단절할 필요 없이, 조부모의 관심을 받던 예전의 즐거움을 되찾을 수 있었다. 이와 같이 조부모와 다른 나이 많은 친척들의 이해가 없다면, 이 연령대의 아동은 사랑하는 친인척의 감정을 상하게 하기 싫은 것과 독립심을 키우고 싶은 마음 사이에서 굉장히 혼란스럽고 힘들어할 수 있다. 조부모 역시도 한때는 자신처럼 어린 아동 시절이 있었다는 것은 만 11세의 아동에겐 상상하기 힘든 일이다. 어린 아동은 모든 사람이 동일한 관심사와 걱정거리를 가지고 있다고 상상하지만, 만 10세 정도가 되면 과거라는 시간 개념을 갖게 된다. 이제 이들은 과거 자신의 유아기 시절 등을 기억해낼 수 있으며, 이제까지 진전이 있어 왔다는 것을 느끼기도 하지만, 자신들이 지금까지 살아오면서 경험한 이 엄청난 인생의 사건과 여행을 어른들이 알아차리지 못할 것이라고 생각한다.

특히 가정 내에서 누군가가 병이 나거나 직장에서 해고를 당했을 때 어른들이나 아동 모두 예민해질 수 있다. 만 10세 아동이 현실 생활의 복잡함에 대해 섬세하게 인지하게 되면서 좀 더 미묘한 변화가 일어난다. 2세의 유아와는 달리, 일상에서 삶의 어려움을 직면할 때 이들은 복잡한 상황을 좀 더 잘 이해할 수 있다. 만 10~11세 아동은 안전하고 자신이 잘 관리할 수 있는 상상 속의 세상이나, 자기 스스로 혹은 또래 집단이 만든 엄격한 규율에 의해 통치되는 새로운 왕국을 구축하려고 노력하는 대신, 좀 더 경험에 근거한 추론의 과정을 적용하기 시작할 것이다. 이런 과정이 순조롭게 진행되면, 이들은 이제 좀 더 복잡한 책을 읽을 수 있게 되고, 어른, 교사, 텔레비전 사회자 등이 말하는 내용을 따라갈 수 있게 되며, 자신의 경험을 기반으로 고유의 사고思考를 할 수 있게 된다. 책이나 텔레비전 프로그램, DVD에서는 여전히 액션 어드벤처나 고전적 혹은 현대적 영웅을 그리지만 스타워즈Star Wars나 뱀파이어 슬레이어 버피Buffy the Vampire Slayer, 반지의 제왕Lord of the Rings의 매력이 조금 다르게 다가올 것이다. 만 11세 정도의 나이가 되면 현실에서의 정서적 딜레마와 같은 복잡함을 신중히 생각할 수 있게 된다. 아동이 자신이 펼치는 모험이나 탐구는 가상적인 일이며 매일의 일상을 부모나 보호자가 관리해준다는 사실을 확실히 알고 있을 때에만 가능하다.

세대 차

아직 사춘기가 오지 않은 만 11세의 아동은 독립적인 생활에 관심이 있지만 이는 가정 환경에 따라 신나는 일일 수도 있고 걱정스러운 일일 수도 있다. 예를 들어, 어느 가족이 현재 부부간의 불화나 질병 등의 이유로 많은 압박에 시달리고 있다면, 이에 비교하여 별일 아닌 것처럼 보이는 아동의 고민에 할애할 시간을 내기란 힘든 일이다. 론에게 일어났던 일이 바로 이런 일이었다.

론은 3남매 중 둘째였으며, 가족을 위해 열심히 바쁘게 일하는 부모님과 함께 작은 마을에 살았다. 생활이 어려웠지단 부모님 두 분이 모두 일을 하시면서 일정한 수준으로 살 수 있었으며, 어머니는 론과 론의 형, 그리고 어린 여동생을 방과 후에 돌보기 위해 항상 집에 있었다. 론은 같은 동네에 사는 친구들과 함께 자랐으며, 론의 가족은 좋은 친구들과 이웃들이 많은 동네에 사는 것을 행운이라고 여겼다. 만 7세가 되었을 때, 론은 친구 게리와 함께 컵 스카우트Cub Scouts에 가입하였고, 종종 게리의 집에서 가까이 살고 있는 할머니와 함께 시간을 보냈다.

그러던 중에 불행하게도 론의 어머니가 심각한 만성질환으로 인하여 심각하게 앓아눕게 되었으며, 이로 인해 직장도 그만둘 수밖에 없었다. 가족 모두가 어머니를 걱정했으며, 어머니가 병으로 인해 일을 쉬게 되면서 수입도 줄어들어, 론의 가족은 갑작스런 부담을 떠안게 되었다. 다행히도 의사는 어머니의 병이 안정되고 있으며, 곧 회복되어 다시 일을 할 수 있을 거라고 했다. 어머니가 아파서 누워 있는 동안, 이웃들이 3남매를 돌보는 일이나 론의 아버지를 도와 집안일을 해주는 등 매우 협조적으로 도움을 주었다. 아버지가 직장에 나가 있는 동안에는 할머니도 3남매를 돌봐주면서 많은 도움을 주었다. 이런 힘든 시간 동안 론은 공원에 가거나 자전거를 타는 등 게리와 함께하는 시간을 통해 안정을 찾을 수 있었다. 론과 게리는 아버지에게 어디 가는지 말하는 것도 잊은 채 몇 시간이고 게임을 하며 노느라 정신이 없었다. 어머니의 병으로 인해 아버지는 평소보다 더욱 많은 부담을 느끼고 있었는데, 론의 이런 부주의함 역시 또 다른 부담으로 느껴졌고, 론이 얌전히 있지 않아서 그렇지 않아도 힘든 시기를 더 힘들게 만든다고 다그쳤다.

좀 더 상황이 나았다면, 아버지는 론이 아직 어린아이고 아픈 어머니가 회복할 수 있을까 하는 걱정과 두려움에서 그러는 것이라고 이해했을 것이다. 하지만 아버지는 현재 많은 부담을 안고 있었으며, 론의 이런 걱정까지 신경 써서 이야기를 들어줄 정신이 없었다. 론 역시 아버지의 이런 상황을 잘 알고 있었다. 아버지는 론이 왜 형 데이비드와 같이 집에서 청소기를 돌리거나, 장을 보거나 하며 집안일을 도우려고 노력하지 않는지 이해할 수 없었다. 론은 잠잘 때 빼고는 집에 거의 없었기 때문에 이런 저런 부탁을 하기도 힘들었다. 어머니가 회복되기 시작했을 때, 가족과 이웃이 안도하는 것도 잠시, 론이 신경질을 부리고 집에 있기를 싫어한다는 사실에 또다시 매우 놀라게 되었다. 론은 샤워를 하거나 양치를 하지도 않았고, 음식에 대해 불평하고 부모님이 준비한 식사에 대해서 매우 까다롭게 굴었다. 학교에서 그의 선생님은 론을 똑똑하고 수업을 즐기며 열중하는 학생이라고 평가했지만, 론과 그의 부모님 사이의 크고 작은 말다툼은 더욱 빈번하게 일어났다. 부모님은 론이 벌써 상대하기 까다로운 사춘기에 접어든 게 아닌가 생각하게 되었고, 결국에는 그의 할머니가 론에게 자신과 함께 저녁을 보내지 않겠냐고 제안했다.

비록 늙고 노쇠하였지만 론의 할머니는 요리하는 것을 즐기고 그녀의 이웃을 위해서 바느질을 하며 시간을 보내는 등 활동적인 사람이었다. 그녀에겐 할애할 수 있는 많은 시간이 있었고, 론은 할머니의 그런 여유롭고 온화한 면을 좋아했다. 지금은 할머니가 론과 부모 사이에서 중립적 입장을 제공하는 존재가 되었다. 할머니와 시간을 보내면서 론은 집에서의 압력으로부터 벗어나 휴식을 가졌고 할머니가 들려주는 인생 이야기라던가 세대 간의 차이를 듣게 되면서 편안함을 느낄 수 있었다. 부모님 또한 론과의 크고 작은 마찰들로부터 벗어날 수 있었고, 론이 그의 할머니와 얘기하는 것을 기뻐했다.

관계 확대하기

물론 친척이 도움을 주는 것에 대해 부모가 항상 고마워하거나 반기는 것은 아니다. 아동이 부모와 보내는 시간보다 다른 어른들과의 교류에 더 비중을 두기 시작하면서 느껴지는 복잡한 심경에 대해서도 부모는 대처해야 한다. 딸이 친구의 엄마와 가깝게 지내거나, 혹은 수영을 해보라는 부모의 권유에는 반발하던 딸이 갑자기 고모와 수영하는 것에 관심을 보이면, 부모는 질투심을 느낄지 모른다. 이 발달 단계에는 훗날 가까운 가족으로부터 좀 더 분명하게 분리되는 경험, 즉 10대 청소년에게는 중요한 문제인 독립의 전조인 셈이다. 상당수의 만 10~11세 아동은 이런 방식으로 다른 인간관계에 대한 경험을 시도하고자 하며, 종종 자신의 가족이나 집이 다른 사람의 가족이나 집보다 못하지 않다는 사실을 확인하려 한다. 그러나 이는 불편한 상황을 연출할 수도 있다. 사라와 비키의 이야기를 보도록 하자.

사라의 친구 비키는 방과 후에 사라의 집에 가는 것을 좋아했다. 둘은 같이 텔레비전을 보고, 사라의 어머니가 주는 초콜릿 비스킷을 먹었다. 사라의 어머니는 직장에서 집에 돌아왔을 때 자신의 딸과 딸의 친구가 함께 있는 것을 지켜보길 좋아했으며, 자신들의 안정적인 가정 생활 방식을 좋아하고 호기심을 갖는 비키를 다독여주며 격려하였다. 사라의 어머니는 비키가 어머니 없이 아버지, 오빠와만 살고 있다는 것을 알고 있었고 어머니를 통해 얻을 수 있는 안정감이 결여되어 있다는 것을 알게 되었다. 사라의 어머니는 사라 자신에게 주어진 삶에 감사할 수 있는 마음을 배우게 할 수도 있겠다는 생각에서 비키가 집에 자주 놀러 오는 것이 사라의 교육에도 좋다고 생각했다. 비키는 사라의 가족 모두에게, 특히 사라의 어머니에게 애착을 가지게 되었다. 때때로 비키는 사라가족과 식사를 함께했고, 비키의 아버지는 비키가 사라의 집에서 안전하게 보살펴지고 있음에 감사했다.

그러나 시간이 지날수록, 사라와 비키의 아버지는 감정이 매우 복잡해졌다. 사라의 어머니는 사라가 집에서 비키에 의해 자신의 존재가 밀려나는 느낌을 받는다는 것을 이해하지 못했다. 사라가 이것을 어머니에게 말하려고 했을 때, 그녀의 어머니는 사라가 자신이 운이 좋음과 비키의 상황을 이해하지 못한다며 가볍게 꾸짖기도 하였다. 이와 유사하게 비키의 아버지는 자신의 딸이 사라의 가족과 더 많은 시간을 보냄에 따라 딸을 사라의 가족에게 완전히 빼앗길 수도 있겠다는 생각을 하게 되었고, 비키에게 아버지와 오빠의 존재가 작아지게끔 하는 사라의 어머니에 대해서도 신경이 쓰였다. 두 자녀의 부모들은 그들 사이의 복잡한 감정을 정리하고, 비키가 다른 가족에 애착을 갖는 것으로부터 얻는 것도 있겠지만, 비키의 행동과 관련된 사람들의 감정을 고려해야 한다는 점을 이해하는 데에 긴 시간의 대화가 필요했다.

친척에 대한 아동의 생각은 부모의 견해에 의해 좌우될 것이다. 우리들 스스로의 어린 시절 부모님, 조부모를 비롯한 다른 친인척들과 보낸 기억들은 우리가 우리의 자녀와 맺는 관계에 많은 영향을 미치게 된다. 만약 과거에 친척들 간에 불화가 있었거나, 형제들 사이에 다툼이 있었다면, 이들에 관한 기억은 그다지 반가운 것이 아니다. 이와 같은 기억들이 친척들 개개인에 대한 아동의 인지에 영향을 주는 것은 불가피하다. 만 10~11세 무렵의 아동은 형제자매의 여부에 상관없이 사촌들과 교류하면서 엄청난 즐거움과 안도감을 찾을 수 있다. 수줍음이 많고 말수가 적은 아동은 형제보다는 조금 거리가 멀지만, 학교의 큰 학급에서는 발견할 수 없는 높은 수준의 유대감과 응집력을 가진 사촌들과 함께 어울려 놀면서 사회적 관계를 형성할 수 있다. 좀 더 자신감이 넘치는 아동은 사촌들과의 교류를 통해 정서적인 영향력을 시험해보는 기회로 활용할 것이다. 달리 말하면, 이러한 관계를 통해 좀 더 안전한 방식으로 자신의 가치를 탐구하며, 또래 집단과의 관계에서 자신의 강점과 약점을 검증할 수 있다. 형제관계에서처럼, 경쟁의식과 질투가 나타날 수도 있지만, 대부분의 아동은 자신이 사촌과는 다른 존재이고, 다른 정체성을 가지고 있다는 사실을 알고 있기에 이는 곧 사라진다.

어른들 간의 관계가 복잡하고 뒤틀려 있다면, 아동으로서는 가족 안에서 자유롭게 관계를 형성하기가 힘들 것이다. 이는 단순히 행복한 관계를 형성하는 것만의 문제가 아니다. 풍요로운 인간관계 속에서 인간은 자신의 행복감과 유대감, 슬픔과 분노를 자유롭게 표현할 수 있기 때문이다. 만 10~11세의 아동은 평생 동안 지속될 사회성이 형성되는 시기의 출발점에 있다.

만 11세의 아동은 자신만의 생각을 가지고 있을 뿐만 아니라, 점차적으로 추상적, 도덕적 판단을 하고 자신만의 세계관을 구축할 능력을 갖추고 있다는 사실을 기억할 필요가 있다. 이는 아동이 본질적으로 독립적인 존재이며, 자신의 자녀와 인생관을 공유하는 것으로부터 즐거움과 편안함을 느낄 수도 있으나, 친척 중 누군가와 아동이 갖는 관계와 동일한 친척과 부모 자신이 갖는 관계가 완전히 다를 수도 있다는 점을 다시금 일깨워준다. 만 10~11세 아동이 가족 구성원 모두와 골고루 소통을 유지할 수 있도록 돕는 것은 아동이 가족 내에서, 이후에는 더 넓은 사회 안에서 자신의 입지에 대한 자신감을 가질 수 있도록 해줄 것이다.

제2장

가족의 변화 : 사별, 별거, 그리고 붕괴

understanding

변화에 대처하기

부모가 별거하거나 이혼하는 일은 요즘 세상에서 흔히 일어나는 일이기 때문에, 아동이 성장하면서 가족의 구성원이 재구성되는 것을 경험하는 일은 흔한 일이 되었다. 이번 장에서는 사별과 급작스런 이민, 가족의 붕괴 혹은 질병의 발생으로 인해 일어난 가족의 급진적인 변화에 대한 아동의 반응을 살펴보기로 한다. 아마도 어느 가정이든 가장 충격적이고 놀라운 사건은 사랑하는 사람의 죽음일 것이다. 많은 연구에서 이런 종류의 단절이 인간에게 얼마나 크고 지속적인 영향을 줄 수 있는지를 증명하고 있다. 사람이 영원히 살 수 없다는 사실을 잘 알고 있음에도 불구하고, 우리는 가족 중 누군가가 세상을 떠나면 이에 대응을 잘하지 못하며 많은 영향을 받게 된다. 이는 아동 역시 마찬가지이다. 비교적 최근에 실시된 연구와 조사에서는 죽음과 같은 급작스런 변화에 아동이 매우 다양하게 반응하며, 아동들의 성격에 따라서 그리고 주변 어른들의 반응에 따라 자신들에게 일어난 급작스런 변화에 대처한다는 것을 발견하였다.

사별은 부모님의 이혼이나 어려운 상황에서 고국으로부터 대탈출처럼 큰 영향을 준다. 이런 변화에 대처하기 위해 어른들은 그들 자신의 균형을 찾기 위해 노력할 것이고, 친숙한 환경과 사람들을 잃은 것으로 인해 큰 정신적 고통에 시달리게 된다.

가족이 붕괴되는 일이나 이제껏 살아온 방식을 잃는 일은 누구에게나 힘든 일이기 때문에, 가족의 붕괴와 같은 상황에 대부분의 아동이 단순히 부정적인 영향을 받는다거나, 혹은 비교적 잘 견딘다고 단정 지어 말하는 것은 오해의 소지가 있다. 따라서 이 연령대의 아동이 경험할 수 있는 잠재적인 불안 요소를 고려해봐야 할 것이다.

초기

부모가 별거에 들어가거나 이혼하는 경우와 같이 가족이 붕괴되는 순간은 이들 부모들에게 있어서 위기의 시기이다. 일상적이고 감정적 문제들이 관련되어 있는 부부관계를 끝내기로 한 결정이나 이에 따른 변화를 아동에게 어떻게 설명할 것인가를 생각하는 것만으로도 굉장히 머리 아프고 힘든 시기인데, 그 외의 문제들까지 생각하기에는 너무도 벅차다. 이러한 큰 변화들이 사전에 아무런 경고 없이 발생하더라도 우리에게 미치는 영향은 오랜 시간 지속된다. 별거나 상실 후에 뒤따르는 정신적인 충격에서 헤어나와 적응을 하기 위해서는 사별과 마찬가지로 어른과 아이 할 것 없이 상당한 시간이 필요할 것이다. 우리가 사별을 경험한 사람들을 봐서 알 수 있듯이, 애도 과정은 여러 단계의 감정과 행동으로 특징되어지며 궁극적으로는 사별한 사람이 우리를 떠났다는 것을 받아들이는 과정을 돕는 역할을 한다. 부부의 별거가 지속적인 의논을 통해 상호협의하에 이루어졌다 할지라도, 적어도 해당 부부 두 사람에게는 불편한 마음이 있을 것이다. 종종 이런 불편한 마음은 분노, 불신, 질투, 질시, 슬픔, 외로움 등과 같이 예민한 방식으로 나타나기도 한다. 부모의 이혼이나 별거를 지켜보는 아동이 부모와 거의 같은 수준의 감정을 경험하는 것은 부모의 노력에 따라 얼마든지 피할 수 있는데, 부모나 보호자가 이런 엄청난 경험을 하고 있는 아동의 감정을 받아주고 이야기를 들어줄 수 있는 기회를 열어주는 것이 매우 중요하다. 듣기에는 쉬워 보일지 몰라도 이혼이나 별거로 인해 자신의 마음조차 추스르기 힘든 때에 자녀까지 배려하기를 요구하는 것은 굉장히 어려운 일이다.

가족의 구성원들 간에 의사소통이 잘 확립되어 있는 가정에서는 이혼이나 부모나 조부모의 죽음에 대해 조심스럽게 자녀에게 이야기를 할 수 있을 것이다. 하지만 자녀가 걱정하는 부분은 자신의 부모가 왜 이혼이나 별거를 하는지에 대한 자세한 내용들이 아니기 때문에, 자녀에게 정직이라는 이름하에 모든 것을 시시콜콜 솔직하게 이야기해주는 것은 바람직하지 않다. 성숙한 만 11세의 아동은 왜 자신의 부모가 이혼이나 별거를 하는지에 대해 궁금증을 갖겠지만, 그렇다고 어머니가 자녀에게 이런저런 이유로 남편이 만족스럽지 못하다고 자세히 이야기를 하는 것은 아동에게 별로 도움이 되지 못한다. 하지만, 이 연령대의 아동에게 가능한 범위 안에서 사실을 이야기하는 것은 아동이 부모의 이혼이나 별거를 받아들이는 데 도움이 된다. 다음의 이야기는 브라이어니와 그녀의 부모님이 겪은 이야기이다.

브라이어니의 집은 그녀의 아버지가 해외에서 일하기 시작한 후로 불안정했다. 브라이어니의 아버지는 온 가족이 자신을 따라 해외에서 살기를 원했지만, 브라이어니의 어머니는 고향을 떠나 딸의 학교를 옮기면서까지 남편을 따라 다른 나라에서 살고 싶지 않았다. 이로 인해 브라이어니의 부모님은 다투는 일이 잦아졌으며 점점 서로에 대해 적대적으로 변했고 부부 사이에 오해가 깊어갔다. 결국 브라이어니의 어머니는 남편과 별거하기로 결정했는데, 그렇게 아버지가 떠난 후 브라이어니의 어머니는 외로움을 느낀 나머지 딸에게 자신의 불행과 남편으로부터 거부당했다는 기분에 대해 호소하였다.

몇 달 동안, 브라이어니는 아버지를 전혀 보지 못했지만 그래도 어머니를 돌볼 수 있다는 것과 어머니와의 친밀감에서 약간의 위안을 얻었다. 브라이어니는 자신의 어머니가 슬퍼하는 모습이나 재정적인 부분을 걱정하는 모습이 어머니가 현재 너무 약해져 있다는 증거라고 여겼으며, 숙제나 친구들에 관한 자신의 일상적인 걱정들을 신경 쓸 시간이나 여유가 없다고 생각했다. 브라이어니는 어머니의 염려에 대해 죄책감을 느끼면서 자신도 역시 부모님의 별거와 아버지의 부재에 대해 화가 나고 슬프지만 이것을 숨김으로써 어머니를 지켜야 한다고 확신했다. 결국에는 아버지가 고향으로 돌아오게 되었고 화해에 대한 희망을 가지고 아버지는 아내와 딸에게 연락했다. 브라이어니의 부모님은 아버지가 집 근처에서 일자리를 새로 구하면서 부부 사이의 갈등을 부분적으로나마 해결할 수 있게 되었다.

결정적으로 브라이어니의 부모님은 과거 부부금술이 좋던 시절의 좋은 기억들을 간직하고 있었으며 부부갈등을 극복할 수 있었다. 모든 것이 점차적으로 좋아지기 시작했으며 브라이어니도 안심할 수 있었고, 부모님도 결국에는 별거 생활에 마침표를 찍으며 다시 합치게 되었다. 모든 것이 제자리로 돌아왔음에도 불구하고, 브라이어니는 부모님의 사이가 언제 다시 깨어질지 모르게 약하고, 오로지 자신 때문에 부부관계를 이어간다는 생각으로 10대 시절 대부분을 불안해하며 보내야 했다.

준비하기

부모가 갈라서기로 했다면, 만 10~11세의 아동에게 앞으로 어떤 과정들이 있을 것이며 미래 계획에 관해 분명히 이야기해주는 것이 중요하다. 대부분의 경우에 아동이 부모가 자신들에게 솔직하게 대했다고 느낀다면, 아동은 한동안 자신의 가족이 붕괴되었다는 아픔과 슬픔으로 고통을 받겠지만 시간이 지나면 아동은 자신의 자리를 찾게 될 것이다. 이혼이나 별거를 함으로써 아동으로부터 비난을 받는 것을 두려워하거나 아동의 정신적 안정감을 걱정한 나머지 아동에게 자신들의 이혼에 대해서나 앞으로의 계획에 대해서 알리는 것을 가능한 한 뒤로 미루는 경우를 종종 볼 수 있다. 이것이 아동에게 미치는 부정적인 영향은 바로 아동에게 자신이 존중 받고 있지 못하다는 인식과 더불어 자신이 느끼는 상처와 분노가 부모와 무관하다는 표시로 받아들일 수 있다는 점이다. 안타깝게도, 대개의 경우는 정확히 정반대로 나타난다.

부모가 헤어진다는 것은 어머니와 아버지가 단지 다로 산다거나, 혹은 어머니나 아버지 둘 중 1명에게, 또는 둘 모두에게 새로운 파트너가 생기는 등의 새로운 가족 형태를 의미하기도 한다. 간혹 부모의 새 파트너가 새 식구를 데리고 오기도 하는데, 이로 인한 기존의 가족의 손실, 새로운 가족으로의 이동 및 적응, 새로운 가족 구성원의 수용 등은 아동에게 있어서 피할 수 없는 스트레스 요소이다. 아동은 기존의 가족을 잃었다는 슬픔이나 자신의 생모나 생부에 대한 그리움을 말하는 것이 자신의 의지와 상관없이 만들어진 새 가족 안에서 받아들여질 수 있는지 확신이 서지 않을 수 있다.

그러나 이러한 스트레스 요소들이 아동을 압도할 만큼 강력하진 않다. 이 연령대의 아동은 부모의 이혼이나 별거에 대한 소식을 꽤 담담하게 받아들이는 것으로 보인다. 극심하고 즉각적인 감정으로

그들의 고통을 표현하는 어린 아동과는 다르게 만 10세의 아동은 부모의 이혼과 같은 상황을 차분하게 잘 감당하는 것으로 보인다. 난국難局에 직면했을 때 자신의 감정을 표현하는 것이 어느 정도 안정을 가져다줄 수 있다는 것은 분명하지만, 부모의 이혼이나 별거 후 얼마 안돼서 너무 빨리 아동이 느끼는 감정에 대해 물어보거나 이야기하는 것은 오히려 역효과를 불러올 수 있다. 어떤 아동은 부모 둘 중의 1명과, 또는 부모 모두와의 관계에서 위안을 찾을 수 있겠지만 어떤 아동은 부모와의 거리를 유지하며 직면한 난관(부모의 이혼이나 별거)에 대한 생각을 안 할 수 있도록 놀이나 활동을 찾을 필요가 있다. 아래의 사례는 부모의 이혼을 겪은 사이드의 이야기이다.

사이드는 부모님이 서로 헤어질 계획을 세우고 있다는 것을 알아차렸을 때 몹시 화나고 당황했다. 어머니가 떠날 때 아버지는 사이드에게 어머니가 단지 휴일을 맞아 친척들을 만나러 고국으로 갔다고 말해주었기 때문이다. 어머니가 고국으로 돌아가고 서너 달이 지나는 동안 두 번의 짧은 안부전화가 걸려온 것이 전부였고, 그제야 사이드는 어머니가 다시는 돌아오지 않는다는 걸 알게 되었다. 어머니가 다시 돌아오지 않는다는 사실을 알고 아버지에게 따져보았지만 더욱 화만 치밀었을 뿐이었다. 부모님이 헤어지기로 결정을 내린 후에도 이 사실을 사이드에게 비밀로 했었던 건 어린 사이드에게 견디기 힘들 정도로 고통스러운 것이었다. 사이드는 어른들이 그러듯이 항상 감정을 억누르고 예의 바르고 조심스러운 행동을 하도록 교육받으며 자라왔다. 이런 교육을 받으며 자란 사이드는 자신이 원하는 대로 울거나 소리 지르지 못했다. 가능한 한 집에 있지 않거나, 학교 도서관 컴퓨터에서 긴 시간을 보내는 식으로 부모님으로부터 버림받았다는 느낌을 혼자 삭혔다. 학기 말 과제에서 사이드는 굉장히 좋은 점수를 받았고 영어 선생님으로부터 큰 칭찬을 들었지만, 사이드는 점점 더 다른 사람들로부터 자신을 차단해갔으며, 부모님의 이혼으로 인한 심적 고통을 다른 식으로 풀려는 그의 노력은 완전히 사이드를 지치게 만들었다.

급작스럽고 괴로운 가족 변화에 아동은 아무런 감정을 보이지 않는 것처럼 보일 수도 있지만, 사이드의 이야기에서처럼 아동 역시 가족에서 생긴 변화에 대해 많은 영향을 받으며 많은 생각을 하게 된다. 부모의 이혼으로 아동이 겪게 되는 경험들은 무언가에 세게 얻어맞은 것처럼 굉장히 강력한 작용을 하기 때문에, 아동은 이 충격으로 할 말을 잃거나 눈앞이 캄캄해진다. 이런 과정을 겪는 아동에게는 오히려 지속적으로 앞으로의 계획을 자세하게 말해주거나, 당분간은 아동이 필요로 할 때면 언제라도 옆에 있어주는 것이 필요하다. 시간이 지나면 굳이 말을 하지 않더라도 아동은 부모의 이혼을 경험하면서 자신이 느낀 감정을 부모에게 말할 수 있게 될 것이다. 만일 이혼으로 인해 부모 스스로도 어떤 압박감에 시달리고 있다면, 아동이 자신의 감정을 부모에게 알리는 신호를 알아차리거나 이야기를 들어주는 것이 쉽지 않을 것이며, 여기에는 상당한 각오와 용기가 필요하다.

친숙함과 안정감

이런 과정을 겪을 때 아동은 보통 부모 사이에 변화를 경험하는 것이 가장 힘든 부분이다. 아무리 원만하고 신중하게 이혼을 계획한다 할지라도 상실은 어른에게도 고통과 혼란을 주며 슬픔과 집착을 남기게 된다. 이혼의 경우에는 종종 어떤 극적인 사건과 다툼에서 시작하여 감정적인 격변과 스트레스를 거쳐 침묵의 기간을 가진다. 사별의 경우에 부모님이 오랜 기간 동안 병원에 치료받으러 다니는 것을 보거나 건강이 악화되는 것을 옆에서 지켜보면서 부모의 죽음을 맞이하게 된다. 이런 경우, 아동은 부모의 죽음을 처음에는 인지하지 못해서 안심할 수도 있으나 병이 악화되거나 힘든 치료가 계속되면서 부모의 기분이나 행동이 불안정해지거나 이상하게 변하는 것을 경험하게 된다. 만 10세의 아동은 한동안 두 배의 혼란스러운 상실감에 직면할 것이다. 즉, 아동은 이제까지 자신이 알고 있던 일상과 습관을 잃어버렸을 뿐만 아니라 부모가 죽은 후에 자신들의 삶 속에 들어온 다른 성인(아버지나 어머니가 재혼을 통한 새로운 파트너)과의 새로운 삶을 살아야 하며, 위기에 직면했을 때 아동이 기댈 수 있었던 친숙하고 예측 가능했던 이들이(죽은 어머니, 아버지 또는 보호자)

더 이상은 정신적으로 존재하지 않는다는 것을 의미한다. 위기의 순간에 가족은 부모에게 도움을 줄 수 있으며, 이는 굉장히 큰 위안과 도움이 될 수 있다. 그러나 가족 안에서 상당히 스트레스를 주는 일이나 가족이 붕괴되는 일이 일어난다면, 아동은 혹시 자신이 무엇인가를 잘못해서 이렇게 된 건 아닌가 하는 죄책감과 의구심을 갖는 등 굉장히 복잡한 생각들을 갖게 된다. 무엇보다도 아동은 전에 알던 모든 것이 사라지고, 마치 일그러져 보이는 놀이공원의 거울처럼 옛날의 친숙한 관계들과 얼굴이 달라 보인다는 것을 느낀다. 이러한 변화에 적응하기까지 아동은 몇 주 혹은 몇 달 동안 자신을 위해 지속적인 경험을 제공할 수 있는 이해심 많은 어른을 필요로 한다. 조부모, 가족 친구들 혹은 선생님은 아동에게 엄청난 도움을 줄 수 있다.

부모의 이혼 등으로 자신의 가족이 붕괴되는 것을 경험한 아동에게 휴일 동안에 집을 떠나 친척들과 시간을 보내게 하는 것이 아동이 받은 스트레스와 슬픔으로부터 벗어나도록 해주는 좋은 방안처럼 보일 수 있다. 하지만, 이런 시기에 아동이 집을 떠나 시간을 보내는 것은 만 10~11세의 아동뿐만이 아니라 더 나이 든 아동에게도 엄청난 불안과 걱정을 불러올 수 있다. 아동이 이러한 과정을 겪는 시기에 이사를 하거나, 친숙하지 않은 멀리 사는 친척을 방문하는 것은 좋은 생각이 아니다. 아동이 불안한 상태라면, 일부 어린 아동은 이 시기에 짜증을 쉽게 내거나 집착하거나 혹은 불면 증상을 보이는데, 이는 나이 든 아동에게도 동일하게 나타난다. 간혹 부모는 아동의 이런 행동을 비난이나 화난 상태의 표현으로 해석할 수도 있다. 그러나 아동이 화를 내거나 무례한 행동을 하는 것은 자신의 무력감, 좌절, 우울을 나타내는 표시이기도 하다. 그러므로 부모의 이혼이나 사별 등으로 아동이 예민한 시기에는 아동이 평소 익숙한 일상적인 활동들이나 장소들을 유지해주는 것이 혼란스럽고 익숙하지 않은 시기 동안에 아동이 좀 더 자신과 가족에 대한 확신을 유지하는 데 도움을 준다.

용기를 찾다

부모의 별거나 사별과 마찬가지로 만성질환, 익숙한 동네로부터 먼 곳으로 이사를 가는 것과 같이 가족 내 여러 주요한 변화들 역시 아동에게 굉장히 혼란스러운 감정을 불러일으킬 수 있다. 다른 학교로 전학을 간다든가 혹은 조부모가 자신의 가족과 함께 살기 위해 이사를 오는 것과 같은 상당히 일반적인 변화들은 어떤 아동에게는 "이러한 변화들이 영구적이지 아닐까?"라는 걱정되는 생각을 갖게 할 수도 있다. 반면에, 또 다른 아동은 이런 변화에 상대적으로 침착하고 빠르게 적응하기도 한다. 어른보다는 아동이 어떠한 변화에 대해 좀 더 유연하게 반응하며 빨리 적응한다는 통속적인 견해가 있다. 이 말이 적용되는 경우도 물론 있지만, 보통 사람들은 세상을 바라보는 데 있어서 개인만의 독특한 관점이 있으며, 새로운 상황에 대처하는 모습에서도 역시 마찬가지이다.

이 연령대의 아동은 부모님의 이혼 또는 별거에 침착하게 반응하는 것처럼 보일 수도 있으며, 여러 종류의 상실(사별과 같은)에 대해 슬퍼하거나 화나는 모습을 부모들이나 주변 사람들이 봤을 때 확실하게 알 수 있을 만큼 표현하지 않을 수도 있다. 부모 혹은 양육자는 아동이 가정 문제에서 적절한 거리를 유지할 수 있도록 해주는 것뿐만이 아니라, 아동이 가지는 염려와 의사소통에 대한 관심과 지지해주는 것 사이에서 미묘한 균형점을 찾을 필요가 있다. 가족 위기의 시기에 학교에서 활동적으로 지내거나 친구들과 함께 시간을 보내는 것은 아동에게 큰 안도감을 줄 수 있다. 반면에, 이 연령대의 아동은 자신의 부모나 보호자에게서 금방이라도 무너질 것만 같은 약한 모습을 발견한다면 이들과의 관계에서 복잡한 감정을 관리하는 데 있어서 힘들어할 수도 있다. 이 부분은 다음 장에서 좀 더 논의해보자.

제3장

사회 생활

친구와 적

대부분의 만 10~11세 아동은 몇 년 동안 함께 놀아온 소그룹의 친구들이 있기 마련이다. 어린 시절 아동의 가족이 동네사람들이나 혹은 지인들의 가족들과의 접촉을 통해서 친구들과의 관계가 처음 시작될 수 있지만 아동이 만 7~8세 정도가 되면 자신들이 선호하는 친구들을 좀 더 분명하게 선택하는 모습을 볼 수 있다. 아동의 이런 성향은 '공통적 관심사'와 '소속감을 가질 수 있는 또래 집단을 형성하고자 하는 욕구'와 결합되어서 나타난다. 아동이 스스로 힘이 있다는 느낌이나 소속감을 갖는 것은 아직은 스스로 주변 환경을 통제할 수 있는 능력이 결여되어 있다는 사실로부터 아동을 보호해주는 역할을 하기 때문에 특히 의미가 있다. 일부 아동은 쉽게 친구들을 사귀는데, 이는 아동 자신이나 보호자에 의해서라고 생각하기에는 어려움이 있다. 같은 맥락으로 우정의 모습을 간신히 보이고 있지만, 사실 친구들을 만들고 관계를 유지하는 데 어려움을 겪는 소년, 소녀들도 많다.

좀 더 규모가 큰 가족들에게 있어서, 우정은 만 10~11세의 아동들의 발달에 중요한 기여를 한다. 사랑으로 보살펴주는 부모님과 힘든 시기를 보내고 있을 때 우리를 이해하고 위로해주는 친구들에게 둘러싸여 있다고 느낀다면, 현실에 대한 인식이 자라나고 학교에서 점점 더 많은 것들이 요구되어 힘들어져도 평정심을 유지할 수 있을 것이다. 아동이 나이를 먹어가면서 불확실하고 불안한 기분을 들게 하는 몇 가지 요소들을 볼 수 있다. 아동이 만 10세 정도가 되면, 몇몇 아동은 친구들과의 우정에 대한 근심걱정을 해결하려고 꽤 오랫동안 노력해온다. 남자아동의 신체적 성장과 여자아동의 사춘기에 따르는 변화는 더 큰 변화의 시작을 알린다. 대부분의 남자아동은 별다른 사춘기 증상을 보이지는 않지만 자신들보다 어린 아동이나 나이 많은 청소년들과 비교하여 자신의 덩치의 크기에 대해 인식하고 있다. 남자아동은 신체적 힘에 많은 비중을 두고 많은 노력을 기울이는데, 이는 신체적인 힘이 전통적으로 두 가지를 나타내기 때문이다. 첫째가 일반적인 남성다움이고, 둘째는 그 남성다움 안에 내재되어 있으며 조금은 덜 의식적으로 나타나는 남자아동의 성적 성숙도와 성인 남성으로서의 잠재력이다.

만 10~11세의 아동은 다른 나이대의 아동보다 폭 넓은 경험을 하게 되며, 이들에게 친구들과의 우정은 가정 생활만큼이나 중요한 역할을 하게 된다. 많은 아동은 형제자매뿐만 아니라 가족 이외의 주변 아동과의 접촉도 즐길 것이다. 좀 더 이른 나이에는 친구들과의 우정은 남자아동과 여자아동에게 각자 다른 의미와 장소를 갖거 된다. 여자아동은 소수의 매우 친밀한 친구들이 있으면서 여러 활동들을 같이 하는 좀 더 넓은 그룹의 친구들을 복합적으로 보유하는 반면에, 남자아동은 어느 특정한 활동을 중심으로 소그룹의 친구들을 갖게 된다.

대부분의 아동은 학교 입학 후 몇 년간 친구들에게 많은 의미를 부여하고 자신을 연관 짓게 되며, 서로의 집을 오가며 놀거나 같이 운동이나 여러 활동들을 하며 사회적 생활을 형성하게 된다. 생일 파티나 휴일 초대와 같은 많은 사회적 이벤트를 경쟁적으로 하면서 사회적 기대를 강하게 경험하게 된다. 여러 친구들과 학교 생활이나 운동을 즐기는 등 보다 폭 넓은 집단에 소속되어 있으면서 일부 아동은 소수의 친한 친구들로 작은 집단을 형성한다.

단짝친구

여자아동에게 우정은 정서적 성장과 사회적 성장에 있어서 매우 중요하다. 좀 더 어린 여자아동과 마찬가지로, 만 10~11세의 여자아동은 '단짝' 문화에 물들어 있을 것이다. 대다수의 여성들은(어린 아동과 성인 여성을 모두 포함하여) 일생 동안 친밀한 우정관계를 지속적으로 형성해가지만, 만 10~11세의 여자아동에게 있어서 이 시기의 단짝은 어린 시절 정서세계와 성인이 되어서의 정서세계 사이의 중요한 전환점이 된다. 청소년기가 도래하기 전에 그리고 애인과의 애착이나 성적관계에 심취되기 전에는, 여자아동은 친한 친구들과의 우정을 통해 관계의 본질을 탐구할 것이다. 어느 텔레비전 프로그램이나 싫어하는 과학선생님 등의 공통된 관심사와 경험을 통해서 친구와 가까워질 수도 있지만, 외적인 걱정이나 활동들이 친구들 사이의 감정을 이어주는 연결고리 역할을 하게 된다. 아래의 이야기는 린다와 넬의 이야기이다.

린다가 학교에서 아팠던 날, 린다와 넬은 단짝이 되었다. 아픈 린다를 담임선생님이 양호실로 데리고 들어갔을 때 같은 반 친구 넬이 축 늘어져서 창백한 모습으로 의자에 누워 있었다. 넬도 그날 열이 나고 아파서 조퇴를 하기 위해 양호실에서 기다리고 있었다. 양호선생님은 바빠 보였고 아픈 두 학생이 쉴 수 있는 공간을 만들기 위해 허둥대고 있었다. 두 여학생은 학교에서 아픈 것이 당황스럽고 양호선생님에게 온 것이 창피하다는 등의 이야기를 나누며 시간을 보내던 중 서로 근처에 살고 있다는 것을 알게 되었다.

다시 건강을 찾고 학교에 등교한 후에도 두 여학생은 양호실에서 공유했던 경험으로 끈끈한 유대가 형성되었다. 몇 주 동안 두 여학생은 점심시간에 이야기를 나누었고 곧 친한 친구가 되었다. 린다는 집에서 자신의 고민거리를 털어놓으면 놀리기 일쑤인 언니나 어머니에게 말하지 않는 학교와 집에서의 일들에 대해 넬과 이야기하는 것이 즐거웠다. 린다와 넬은 나중에 유명한 소설을 쓰고 싶다는 공통된 꿈을 갖고 있었다. 넬은 방학이 시작되자 일주일간 바닷가에 있는 별장으로의 가족여행에 린다를 초대했다. 린다와 넬은 하루 종일 소파에 펜과 연습장을 들고 앉아서 소설을 쓰면서 시간을 보냈다. 밤에는 침대에 앉아 자신들이 쓴 소설이나 비밀 이야기, 주변 세상에 대한 자신들의 생각에 대해 시간 가는 줄 모르고 이야기를 했다. 날씨 좋은 날이면 넬의 어머니가 밖에 나가서 놀도록 두 아동을 설득해야 했을 정도였다.

넬과 린다는 친밀한 우정을 통해 자신들을 알아가는 과정뿐만 아니라 다른 사람과 감정을 교환하는 법을 신중하게 실험할 수 있는 기회를 얻었다. 친구들에게서 얻은 이런 기회는 가족들로부터는 얻을 수 없으며 성인 커플 사이의 복잡한 감정적 상호작용을 필요로 하지도 않는다. 많은 여자아동이 가장 친한 친구와의 친밀함으로부터 자신감과 확신을 얻는다.

좀 더 어린 여자아동의 놀이와 활동과는 다르게, 만 11세의 여자아동은 보다 독점적이고 비밀스러운 친구관계를 원한다. 다시 말하면, 이 연령대의 여자아동은 친구들과의 우정관계를 통해 보다 넓은 세상에서 자신에 대한 자신감을 형성하는 것과 관련되어 있다기보다는 자신이 성장하고 있다는 느낌을 확인시켜주고 강화해주는 경험을 찾고 있다.

한나와 그녀의 단짝은 매주 토요일 오전을 집 근처 가게에서 보냈다. 두 아동의 부모님은 이런 모습을 신기해하기도 하고, 때로는 불만스러워하기도 했다. 두 여자아동은 용돈을 가지고 동네 책방이나 선물가게에 가는 것과 자신들이 구입한 물건들에 대해서 긴 시간 동안 이야기 나누는 것을 좋아했다. 한나의 부모님은 한나가 매주 토요일 즐기는 '의례적인 일'이 독립심을 갖게 하는 것 같아 좋아하였다. 하루 종일 혼자 밖에 나가 있거나 어른의 감독 없이 시내로 나가기에는 아직 어렸기 때문에, 한나와 친구는 대주 토요일 오전마다 이런 식으로 동네를 돌아다니고 옷들을 구경하고 최신 유행하는 신발에 감탄하고 자신들이 충분한 나이가 되어 파티에 가는 상상을 하며 돈을 관리하는 등으로 10대의 삶을 경험했다. 이 연령대의 여자아동은 주변 사람들이 보기에 괴상한 흥미들을 갖고 있는 것으로 보인다. 그들은 보통 10대 문화를 알아가기 시작해서 유년 시절 가지고 놀던 장난감이나 게임들을 제쳐두고 화장품 진열대를 기웃거리거나 가게에 진열된 머리 장식품을 살펴보는 것을 즐기지만, 아직은 사탕같이 단 것을 좋아하고 만화영화를 보러 가기를 원한다.

단짝친구와는 서로 유대감으로 단단하게 묶여 있으며 가끔은 바깥 세상에 대항하여 똘똘 뭉치기도 하는데, 이것이 독점적인 소그룹을 만들기 위한 것이라면 여자아동 자신들에게 불리하게 작용할 수 있다. 때로는 친밀함이 다른 사람들에게 해롭게 작용할 수도 있다. 거의 모든 아동이 자라면서 몇 단계에 걸쳐 다른 아동을 향해 은밀히 적대감을 드러낸다. 이는 우리 아동의 단짝친구가 갑자기 다른 아동과 더 가깝게 지내면서 종종 부모의 시선에 들어오기도 한다. 얼마 동안은 이 새로운 단짝을 서로 떼어놓기 힘든 일이며 이 새로운 단짝친구의 탄생으로 홀로 남겨진 아동은 혼란스럽고 외로움을 느끼게 된다. 이를 지켜보는 것은 괴로운 일일 수 있으며 이런 행동은 좀 더 어릴 때와 마찬가지로 두 아동 중 한 아동의 일시적인 실험 행동일 수도 있고 보다 깊은 불안감의 표현일 수도 있다.

더욱 복잡한 점은 친구들을 대하는 여자아동의 태도이다. 많은 여자아동은 다른 아동을 대놓고 괴롭히거나 불친절하게 대하기보다는 애매모호한 말을 하거나 행동함으로써 친한 친구들과의 유대감을 형성함과 동시에 다른 아동을 배척시킨다. 이런 행동은 남자아동에서도 볼 수 있는데, 클럽이나 스포츠 활동에서의 공식적인 규칙에 따라 이런 감정들을 행동으로 표현한다. 하지만, 대부분의 아동에게 이런 요소는 소속감을 발달시키는 일상적인 과정이다. 다시 말해서 압박이 느껴지는 상황에서 아동은 자기들의 그룹에 포함되지 않은 다른 아동은 외로움을 홀로 극복하도록 내버려두고, 자신을 응원해주고 지지해주는 자기들만의 폐쇄적인 또래 집단을 만든다.

어느 아동은 사회적 관계를 맺는 것에 어려움을 겪는다. 여기에 해당되는 아동이 있다면 만 11세 무렵에는 이미 사회적 관계를 형성하는 데 겪고 있는 어려움이 분명히 드러날 것이다. 만 10~11세의 나이에 사회관계에 어려움을 보이는 아동은 상당한 관심과 지지가 필요하다. 부모나 보호자는 이런 아동을 다양한 방법으로 도울 수 있는데, 학교와 가정에서 변화에 대한 적응에 관해 이미 언급했던 것처럼 아동의 특성을 알고 아동의 성격이나 자질을 인정해주는 것이 아동에게는 굉장히 큰 지지가 될 수 있다.

남자아동

이 연령대의 많은 남자아동은 공통된 관심사를 갖는 몇몇의 친한 친구들과 어울린다. 여자아동과는 다르게 신체적 활동이나 집단 정체성, 소속감을 주는 취미를 즐긴다. 이 연령대와 좀 더 어린 아동은 이들만의 의례적인 절차가 요구되는 가상게임을 발달시키며 노는 것을 흔히 볼 수 있다. 아동은 놀이를 통해 어른세계로부터 자신을 분리시키는 동시에 어른세계와 유사하지만 어른들이 완전히 이해하지 못하는 자신만의 세계를 만들기도 한다. 도래 집단 특권이나 또래 집단에서의 상태는 세부적 기술의 습득과 밀접한 관계가 있다. 이런 모습은 남자아동이 창의적이고 추리적인 양상 이외에 어떤 규칙이나 구조에 따라서 놀이를 즐기는 것으로 나타난다. 전통적으로 인기 있는 모노폴리나 카드게임이라든가, 좀 더 현대에 와서는 비디오게임이나 컴퓨터게임이 아동의 관심을 끄는 것은 이런 이유에서일 것이다.

여자아동

의례적인 놀이나 행동을 따르는 것은 남자아동에게만 해당되는 이야기는 아니다. 일부 만 10세 여자아동은 게임이나 동화이야기를 뒤로 하고 좀 더 나이 든 아동의 문화를 접하기를 원할지도 모른다. 여자아동 사이에서 우정의 질적인 면에서 눈에 띄는 차이점이 있다면 이는 교환의 형태로 나타난다. 만 10~11세의 여자아동뿐만 아니라, 좀 더 어린 여자아동 역시 보다 즉각적인 의사소통과 접촉의 수단으로 언어를 사용하는 모습을 볼 수 있다. 여자아동은 동네 수영장에서 수영수업을 받거나 놀이를 같이 하며 흔히 우정을 쌓아가지만, 놀이나 수영수업 자체에 중점을 두기보다는 여자아동끼리 서로 대화를 하면서 논의하고, 계획하고, 비교하고, 확인하는 것에 더 큰 비중을 둔다. 이것이 여자아동에 대한 일반적인 설명이지만 물론 예외가 존재한다.

우정에서 비롯되는 문제들

우리는 친구를 사귀는 데 어려움을 겪는 아동을 과연 어디서부터 어떻게 도와야 할지 고민할지도 모른다. 요즘 대다수의 아동이 친구들과 만나거나 사교활동을 하는 데 있어서 더 이상 부모님의 도움을 필요로 하지 않지만, 대부분의 아동과 달리 친구들과 어울리는 데 어려움을 겪는 아동은 과거 어느 때보다도 더욱 소외감을 느낄 수 있다. 최근에 들어서는, 또래친구들과 자신을 비교하였을 때 지나치게 다르지 않다고 느끼는 것이 아동에게 매우 중요하게 되었다. 만 10~11세 정도가 되면, 아동은 부모님의 사회 사교법을 받아들이기에는 이미 나이가 많은 편이며 다른 아동과 비교해서 자신들이 좀 다르거나 특이하게 보이는가를 예리하게 판단할 수 있게 된다. 다음의 지문은 사만다라는 여자아동에 관한 이야기이다.

사만다는 학교에 처음 입학한 순간부터 친구를 사귀는 데 어려움을 겪었다. 체구가 작고 수줍음이 많으며, 나이 차가 많이 나는 언니가 있는 사만다는 학교에서 다른 아동과 꽤나 다르게 보였다. 그녀의 학급에는 남자아동의 숫자가 훨씬 많아서, 사만다가 친해질 수 있는 여자아동의 수는 제한적이었다. 학교를 다니기 시작하고 처음 몇 해 동안 사만다는 친구를 만들지 못하였고 혼자 집에서 텔레비전을 보거나 자신이 잘하는 테니스 연습을 선호하였다. 다소 외로움을 느낀 그녀는 자신이 좋아하고 쉽다고 느끼는 독서에 더욱 빠져들었다. 다른 아동이 운동장에서 어울려 놀 동안 사만다는 책 속 이야기의 모험에 관한 몽상에 빠지곤 했다. 다른 아동은 그녀와 함께 어울려 놀고 싶어 했지만, 어떻게 해야 친해질 수 있을지 몰랐다. 어른이 나서서 사만다와 다른 아동 사이에 다리를 놓아주지 않는 이상 사만다는 아동과 점점 멀어지고 혼자 격리될 뿐이었다. 사만다는 수학, 과학뿐 아니라 읽기도 잘하는 똑똑한 아동이었기 때문에 다른 아동에 비해 더욱 눈에 띄었다.

사만다는 집에서 조용히 앉아 책을 읽는 동안 부모님과 언니가 대화하는 것을 듣는 것을 좋아했다. 하지만 시간이 흐르면서 안타깝게도 어떻게 하면 학교에서 다른 아동과 어울릴 수 있을지에 대한 사만다의 고민은 점점 깊어져 갔다. 다른 아동과 함께 팔찌에 끼울 장식물을 모으거나 줄넘기를 하고 노는 데 참여할 용기가 없었다. 자신이 수줍음이 많고 자신 없어 한다는 것을 다른 아동이 모르게 하기 위해서 사만다는 어려운 책에서 읽은 이야기들을 자주 늘어놓으면서 자신을 포장하고 숨기기에 급했다. 담임선생님은 사만다가 다른 아동으로부터 소외되고 있다는 것을 알아차렸고, 사만다에게 자신감을 심어주기 위해 졸업 학예회에서 사만다에게 주인공 역할을 맡겼다. 놀랍게도 사만다는 자신의 역할에 모든 것을 쏟아부었고 춤이나 노래도 열심히 소화하며 자신의 역할 속에서 완전히 다른 사람이 되었다. 학예회에서의 이런 모습이 사만다가 안고 있는 문제를 한 번에 해결해주지는 못했지만 사만다로 하여금 학교에서 다른 아동과 절대 친해질 수 없을 거라는 생각에서 벗어날 수 있게 해주었으며, 다른 아동이 보기에도 사만다가 단지 이상하고 심각한 아동이 아니라는 것을 알 수 있게 해주었다.

남자아동은 여자아동처럼 집이나 학교에서 다른 사람들로부터 인정받는 것에 대한 감정적 압박에 덜 예민하기 때문에, 친구들과의 교우관계에 대해 걱정하지 않는 것처럼 보인다. 하지만 남자아동이 컴퓨터게임을 하거나 공터에서 야구를 하거나 친구관계에 관해 이야기를 하지 않아서 친구관계에 문제가 없는 것처럼 보일 수 있지만, 남자아동 역시 또래들에게 인정받지 못하는 것에 대한 두려움을 갖고 있다. 사만다의 경우와 마찬가지로 남자아동의 성격이나 가정문화가 친구들과의 접촉을 어렵게 만들기도 하지만, 집안에 문제가 생기거나 가정에 어려움이 있을 때 남자아동은 또래 집단의 소속감을 상당히 중시하게 된다.

사만다의 이야기에서 볼 수 있듯이, 아동은 친구들로부터 따돌림을 당하거나 쌀쌀맞은 태도에 직면할 수 있는데 이는 복합적인 요소에 의해 발생한다. 아동이 또래 집단 안에서의 위치에 대해 굉장히 민감하게 반응하고 걱정한다면 이는 아동이 다른 이들로부터 인정받고 또래 집단으로의 소속감을 상당히 중요시한다는 것을 의미한다. 아동의 이런 특성은 공통된 목표를 향하고 규칙에 따르도록, 아동을 지도하는 교사들에게 도움이 될 수 있다. 그러나 이는 자신들의 세계관에 맞지 않는 것은 어떤 것이라도 다소 과도하게 비판적으로 바라보는 견해에서 생겨날 수 있다. 자신이 취약하다고 느끼는 아동은 흔히 자신보다 덜 완벽하다고 느껴지는 아동에게 관심을 돌리면서 그러한 감정에 대해 대처하려는 경향이 있다. 극단적인 경우에는 자신보다 약하다고 생각되는 아동을 대놓고 따돌리는 형태로 나타나기도 하지만 종종 비밀스러운 방식으로 어떤 아동에 대해 친구들에게 뒷말을 하거나 누구와 게임이나 놀이를 할 것인가를 선택하는 방법으로 그 아동에 대해 안 좋은 소문을 퍼뜨린다. 우리 모두는 직장 사무실에서 동료들 사이에서 인기 많은 동료가 갖는 영향력과 힘에 대해 잘 알고 있을 것이다.

따돌림

어떤 아동이든지 성숙할 때까지 친구들이나 형제자매와 부딪히지 않고 자라는 일은 드물다. 많은 어른들은 학창시절 주변 친구들이나 어른들로부터 지지받지 못하고 자신이 나약하고 외톨이라고 느꼈던 기억들을 갖고 있을 것이다. 일부는 자신이 따돌림을 당한 적이 있다고 말할 것이고, 다른 사람들은 어린 시절 또래 집단 안에서의 과격한 언행이나 행동은 늘 있는 당연한 것이 아니냐고 말할지도 모른다. 독감처럼 유행하는 다양한 형태의 따돌림에 대한 인식이 커지면서 많은 교육기관들에서 따돌림을 단절하기 위한 행동 지침서나 정책이 만들어지고 있다. 학교가 집단 내에서 연약한 아동을 보호하기 위해 노력하고 행동한다는 것을 부모나 아동이 확인하고 싶어 하는 것은 자연스러운 현상이다. 학교 내 모든 어른들의 지지와 헌신을 받는 뚜렷한 정책이 있다면 이는 교내 따돌림을 상대하는 데 있어서 매우 효과적일 것이다.

아동이 만 10~11세 정도가 되면 이미 다른 사람들과의 관계를 다양한 방법으로 다룰 수 있게 되며, 좌절이나 고통뿐만 아니라 친밀한 관계에서의 기쁨을 폭넓게 경험하게 된다. 아동은 매우 어린 시절부터 강렬하고 힘든 감정을 다루려고 상당히 애써왔으며 낙담, 실패, 의견충돌 등에 직면했을 때 자신을 보호할 다양한 방법들을 찾아냈을 것이라고 생각한다. 예를 들면 만 8~10세의 아동은 미숙한 감정들이 불러오는 고통을 완화할 수 있는 놀이나 상호작용을 자연스레 찾게 된다.

게리의 형과 형의 친구들은 자전거를 타고 자신들을 따라와 보라고 게리를 놀리곤 했다. 여기에 대해 게리는 자신이 무기력하다고 느꼈는데, 모르는 다른 사람들과 비디오게임을 즐기거나 풍선껌에서 나오는 카드들을 모으면서 훨씬 많은 안정과 편안을 가질 수 있었다. 게리는 자신이 이미 모은 카드의 개수가 얼마나 되고 모든 카드세트를 모으기 위해서 몇 개의 카드가 모자라는지를 셀 수 있다는 점에서 만족하고 안도감을 얻을 수 있었다. 때가 되면 게리는 풍선껌 카드의 모든 카드를 모은 첫 번째 아동이 될 수 있을 것이다.

만 10세의 아동은 부모나 좀 더 성숙한 아동이 보기에는 다소 따분하고 융통성 없어 보이는 놀이나 활동을 즐긴다. 또래 사이의 규칙과 멤버십을 강조하고 개인의 특성에 따른 또래 집단을 만드는 데서 오는 즐거움이 아동의 놀이나 활동의 두드러진 특징이다. 하지만 이때부터는 친구들과의 우정이나 나눔에 대해 점차적으로 미묘하고 복잡한 생각들을 갖게 된다. 특별한 일 없이 아동이 이때까지 잘 성장한다면, 청소년기에 대한 인식이 점차 커가면서 다른 사람들에 대한 보다 폭 넓고 다양한 관심이 발달하게 된다. 아동은 또래 집단의 멤버십이나 규칙을 계속해서 중요하게 생각하는데, 결국 이런 부분들이 다른 아동을 괴롭히고 따돌리는 아동이나 또는 괴롭힘과 따돌림을 당하는 아동이 될 수 있는 문제로 이어지게 된다.

신데렐라가 된 것처럼

자하라는 2년 전에 가족들과 함께 유럽으로 이사한 만 10세짜리 여자아동이다. 자하라의 아버지는 모국에서 권위 있는 직책에 있었으며, 가족들에게 화려하고 부유한 삶을 살 수 있게 해주었다. 그의 딸들은 자신들을 돌봐주는 사람들이 있는 큰 집에서 살았으며 마을 어디든지 태워다 주는 기사 딸린 자가용이 있었다. 정치적으로 변화가 생기면서 자하라의 아버지는 서둘러서 고국을 떠나 보다 안전한 환경으로 가족을 이사하였다. 자하라의 가족은 서부 유럽지역에 정착하는 데 아무런 문제가 없었지만, 자하라는 이 과정을 힘들어했다. 막내딸인 자하라는 종종 언니나 어머니가 자신을 신경 쓰고 있는지를 궁금해했다. 아버지와 정기적으로 같이 시간을 보내기를 원했으나 아버지는 항상 일하시느라 바빴다. 자하라네 가족의 특권적인 삶은 자하라와 언니들이 흔히 다른 아동으로부터 고립되는 원인이 되었다. 이들이 유럽으로 이사를 가기 전까진 이런 것들이 아무런 문제가 되지 않았다. 자하라의 부모님은 다른 아동에 비해 자하라가 가지고 있는 이점들에 대해 이야기하며 감사하는 마음을 가져야 한다고 말했다. 자하라는 자신이 가지고 있는 특권들에 감사하고 있었으며 학교에서 다른 여자아동에도 비해 자신이 우월하고 강하다고 느꼈다. 디즈니랜드 미키마우스 연필 깎기를 친구들 앞에서 자랑하며 “너희는 제대로 된 연필 깎기도 없니?”라고 묻기도 하였다.

유럽으로 이사한 후로, 자하라는 전의 학교에서 누리던 특권과 혜택이 모두 사라졌다고 느꼈다. 자하라와 그녀의 가족은 더 이상 아무런 특권이 없었으며 자하라는 유치원 시절부터 같이 학교를 다닌 여자아동이 대부분인 학급에 다니게 되었다. 이곳에서는 자신이 이방인이며, 자정이 되면 마법이 풀려 초라해진 신데렐라가 된 것처럼 느낀 자하라는 본능적으로 과거에 자신이 사용했던 효과적인 대처법을 떠올렸다. 그녀는 곧 학급에서 자신처럼 다른 아동과 잘 어울리지 못하는 리지라는 아동을 찾아냈다. 리지는 체육시간에 소극적이고 쉬는 시간에 신체적 놀이를 즐기지 않는 마르고 키가 큰 아동이었다. 자신이 다른 아동에 비해 아무리 다르게 보이더라도 리지가 더 튀어 보일 것이기 때문에, 리지를 발견한 자하라는 안심이 되었다.

얼마 지나지 않아, 자하라는 학급에서 가장 머리가 길고, 가장 글씨를 잘 쓰며, 화려하고 예쁜 도시락 통에 점심을 싸오는 테이시와 단짝이 되겠다고 마음먹었다. 점심시간 후에 운등장으로 뛰어나가면서 자하라는 가벼운 어조로 리지에게 소리쳤다. "뭐하고 있어! 그렇게 밖에 못 뛰니!" 그리곤 리지에게 다가가서 깡마른 다리를 가진 황새같이 깡충깡충 뛴다고 모두가 비웃을 텐데 뭐하러 운동장에는 나오느냐고 조용히 물었다.

견디다 못한 리지가 담임선생님께 자하라의 짓궂은 행동들에 대해 말하였고 선생님은 자하라를 꾸짖으며 학급 내의 모든 아동과 친하게 지내도록 노력하라고 말했다. 하지만 고국에서 다니던 학교에 비해 더 개방적이고 자유로운 분위기의 만 10~11세 아동의 학급에서 안전하다고 느끼고 자신감을 갖는다는 것은 자하라에게 불가능한 일이었다. 결국에는 자하라의 어머니가 학교에 불려갔고, 집에서는 너무나 얌전하고 언니를 잘 따르는 자하라가 학교에서 다른 아동을 괴롭힌다는 것은 어머니에게는 상상하기 힘든 부분이었다. 자하라의 어머니는 딸이 다른 문화에서 왔기 때문에 아동으로부터 괴롭힘을 당하는 것은 아닌가 하는 생각을 하게 되었다.

취약점

따돌림은 어른들이 보기엔 그 정도가 약하고 별 것이 아닌 것처럼 보일 수 있기 때문에 피해자에게는 고통스러우며 고립감을 준다. 여자아동의 경우 다른 아동에 대한 신체적 혹은 언어적 위협이 미묘하고 은근한 형태로 이루어지기 때문에 아동 사이에서 일어나는 따돌림을 식별하고 대처하는 데에 많은 어려움이 따른다. 남자아동 역시 주변 또래들이나 형제들에게 상처 입히는 말을 하기도 하지만 남자아동의 경우에는 보다 직접적인 신체적 폭력이나 위협의 형태를 띠게 된다. 이 시기의 아동들에게는 조직에 대한 충성심과 헌신이 매우 중요하기 때문에 특정 정보를 누구에게 이야기하고, 누구를 포함시킬지 항상 혼란을 겪는다. 간혹 아동이 자신들이 완전히 혼자라고 느끼고 어른들과 자신들의 고통을 나누는 것을 상상조차 할 수 없다고 느끼게 될 때 때때로 비극이 생기게 된다. 부모로서 우리는 아동과 일체가 되어서 고통으로부터 아동을 지켜주고 싶어 한다. 아동에게 나약하다고 느끼는 자신의 감정이 인간이면 누구나 갖는 일반적이고 인내해야 할 부분이라고 어른들이 격려하기에는 쉽지 않다. 하지만 따돌림은 주로 자신이 작고 무능하며 질투심 등의 대처하기 힘든 부정적 감정들을 이겨나갈 수 있도록 옆에서 도와줄 수 있는 사람이 없는 아동에게서 발생할 확률이 높다.

자하라의 이야기에서 볼 수 있듯이 약한 아동을 괴롭히는 아동은 대개 집단에서 가장 덩치가 크거나 목소리가 큰 아동이 아니다. 흔히 자신이 따돌림을 당하거나 괴롭힘을 당한 아픔이 있는 아동일 경우가 많다. 당사자가 아닌 제삼자의 관점에서 이들을 발견하기는 꽤나 까다로울 수 있으며, 우리는 J.K. Rowling의 소설 해리포터에서 등장하는 Draco Malfoy, 나니아 연대기의 Snow Queen(C.S. Lewis), Tom Brown's Schooldays의 Flashman(Thomas Hughes)등의 아동 소설에서 누군가를 못살게 구는 역할로 등장하는 캐릭터들을 잘 알고 있을 것이다. 특히 소속감을 갖는 것에 대해서 집착하거나 가족 내에서 자신의 위치를 확고히 하고 싶어 하거나, 자신이 간과된다고 생각하는 아동의 경우 특히 '내 편'과 '상대편'이라는 개념에 현혹될 수 있다. 이런 아동에겐 여러 종류의 개성들을 골고루 존중하는 집단을 상상하기는 보통 아동에 비해 꽤나 힘든 일이다. 만 10~11세는 별나거나 차이가 극명한 특성들을 인정하고 받아들일 수 있는 발달

시기가 아니지만 일부 아동은 만 10~11세 정도가 되면 이런 차이점들을 용인할 수 있으며, 나아가서는 자신들과는 문화적으로 다른 아동과의 접촉을 받아들이고 즐길 수 있게 된다.

괴롭힘이나 따돌림을 당한 아동에게 자신을 괴롭히는 아동의 행동이나 말이 얼마나 불합리하고 공허한지 상기시켜주는 것은 별 도움이 되지 못한다. 괴롭힘이나 따돌림을 당한 아동에게 보다 강인한 페르소나를 갖도록 격려하는 것은 즉각적인 도움이 되지 않을지도 모른다. 중요한 것은 따돌림이나 괴롭힘에 대한 걱정이 피해자와 가해자 모두에게 적용되지만 누군가를 괴롭히거나 따돌리는 행동은 결정적인 처벌을 받게 된다는 것을 괴롭힘이나 따돌림을 당한 아동이 알아야 한다.

불행의 신호에 대해 알자

괴롭힘에 대처하는 것은 자신감과 밀접한 관련이 있다. 자신이 가치가 있으며 소속감을 갖고 있고 남들과 의사소통을 할 수 있다고 느끼는 만 10~11세 아동은 어떤 식으로든 괴롭힘에 대처하고 떨쳐낼 수 있다. 반면에 자기 자신에 대해서 확신이 없는 아동은 신체적, 정신적 폭력을 행사하는 문제아들의 주의를 끌 수 있으며, 악의적인 행동을 어른들에게 알리거나 주위에 도움을 청할 확률이 낮다. 그럼 우리는 자신감이 부족한 아동이 또래와의 관계에서나 학교 생활을 즐길 수 있도록 어떻게 도울 수 있을까?

평소 자신의 관점이나 감정들을 이야기하도록 독려받은 아동은 타인과 함께 있을 때에도 편안함을 느끼고 자신감을 갖게 된다. 평소 편안하게 자신의 감정을 공유하고 대화를 자주 나누는 가정에서 자란 아동은 자연스레 견고한 소속감을 갖게 된다. 이런 가정에서 자란 아동은 가족들과 함께 대화하고 생각했던 경험을 바탕으로 가정의 여러 문제에 직면하여 힘든 시기를 보낼 때에도 자신의 이야기에 귀 기울여주고 지지해주는 사람이 있다는 자신감을 갖게 된다. 평소 아동이 자신의 감정이나 생각을 자유롭게 말할 수 있도록 하는 것은 현실이 조금 힘들고 어렵더라도 어른들이 자신을 아껴주고 사랑해준다는 생각을 유지하는 데 큰 도움이 될 수 있다. 실제로 아동이 어른들로부터 지지를 얻고 이야기를 나누며 갈등을 해결할 가능성이 높다.

낙관주의의 이점

편안한 분위기의 미국식 중학교를 거쳐서 전통 영국식 학교를 다니기 시작하고부터 선생님들이 자신을 인간미 없고 무심하게 대하는 것에 도니는 놀라기도 하고 불쾌하기도 했다. 일부 상급학생들이 자신의 억양이나 헤어스타일을 보고 놀리기 시작하자 도니는 곧바로 이를 담임선생님께 말했지만, 선생님은 도니의 말에 귀 기울이지 않고 잔소리만 늘어놓았다. 자신은 절대 녹아들 수 없는 영국문화에서 배제되었고 선생님들에게 실망하고 충격 받은 도니는 며칠 동안 완전히 비참하게 학교 생활을 해야 했다. 도니가 느낀 실망감은 얼마 지나지 않아 분노로 바뀌었고 학교로 돌아가서 다시 담임선생님과 이야기를 나누려고 했다. 선생님이 자신의 걱정에 귀 기울이게 하는 데 상당한 끈기와 자신감이 필요했지만 평소 자신의 부모님이나 선생님들이나 동네 어른들과 대화하는 데 익숙한 도니는 선생님이 처음에 자신을 좀 차갑게 대했다고 해서 대화하는 것을 포기하지 않았다.

제4장

변화하는 신체/ 변화하는 모습

신체의 발달

이 연령대의 아동은 모든 성장기를 통틀어 가장 뚜렷한 신체적 변화를 보인다. 만 10~11세의 아동을 보면 키, 체형, 덩치가 매우 다양함을 알 수 있다. 발달의 모든 요소가 그렇듯이 아동마다 신체적, 성적 성숙이 시작되는 시점은 저마다 다르며 만 10세 아동을 한 방에 모아놓고 보면 키가 작고 호리호리한 아동도 있고, 키가 크고 덩치가 좋은 아동도 있을 것이며, 그중 몇몇은 이미 십대 사춘기 아동의 특징들을 보이는 등 매우 다양할 것이다. 여자아동 역시 남자아동과 마찬가지이다. 일부는 큰 키에 남자아동 같은 애도 있을 것이고, 몇몇은 아직 발육이 시작되지 않아 체구가 작을 것이고, 또 몇몇 여자아동은 이미 사춘기에 접어들었을 것이다. 또한 여자아동의 신체적 변화는 동년배의 남자아동에 비해 더 눈에 띄는 편이며 일찍 시작된다.

대부분의 여자아동은 만 10세 정도가 되면 성인 여성처럼 곡선 있는 체형으로 발달이 시작되며 가슴이 발달하고 몇몇은 월경을 시작할 것이다. 근래에 와서는 아동의 사춘기가 이전에 비해 빨리 시작되면서 남자아동과 여자아동 사이의 관계는 이전 세대들과는 달라질 수밖에 없게 되었다. 만 10~11세 정도가 되면 남녀 아등은 이미 동성 사이에서 성 정체성을 확립하게 되며 이성보다는 동성과 노는 것을 더 선호하게 된다. 또한 이 연령대의 아동은 다른 아동과 여러 활동을 하며 어울릴 뿐만 아니라 꿈이나 야망을 공유하며 친밀한 관계를 맺게 된다. 이 시기의 여자아동은 자신들에게서 나타나는 신체적 변화에 당황하고 불안해할 수 있다. 여자아동이 느끼는 이런 불안과 당혹감은 단순히 월경이 시작되었다는 사실과 월경의 시작이 남성과 성적인 관계를 맺거나 부모가 되는 등 성인의 삶을 시작한다는 사실에서 비롯되는 것이 아니라, 지금까지 살아온 생활방식이 끝났다는 데서 온다. 이런 현상은 또래들에 비해 사춘기가 빨리 시작하고, 자신보다 신체적 성장이 더딘 또래에게서 자신의 존재를 찾으려고 노력하는 여자아동에게서 찾아볼 수 있다.

미운오리새끼인가? 백조인가?

찰리라는 여자아동이 처한 상황을 살펴보자. 그녀는 갓난아기 때 서유럽의 어느 나라로부터 입양이 되었고, 유년기를 행복하게 보냈다. 그녀의 부모님은 찰리의 입양에 대해서나, 생부모님에 관한 이야기들이나, 자신들이 찰리를 얼마나 소중하게 생각하는지에 대해서 찰리와 이야기 나누는 것을 편안하게 생각했다. 찰리는 행복하고 활기 넘치는 어린 소녀였으며, 매력적이고 빛나는 머릿결을 갖고 있었고 영어와 연극에서 재능을 보이는 아동으로 학급 친구들 사이에서도 인기가 좋았다. 찰리의 부모님에게는 찰리보다 어린 동생이 1명 있었는데, 동생은 언니를 동경했으며 찰리는 자신이 언니라는 사실과 동생보다 더 많은 재주가 있다는 사실에 행복했다. 하지만 찰리가 만 9세가 되던 무렵에 그녀의 신체에 변화가 나타나기 시작했다. 이 변화가 나타나기 전까지 찰리는 모든 스포츠를 즐겼으며 학급친구들에게 믿을 수 있고 활기찬 아동으로 비춰졌다. 그녀는 학교에서 연극이나 뮤지컬 활동을 열정적으로 하듯이, 집에서도 열정적이고 믿을 수 있는 아동으로 여겨졌었다.

신체에 변화가 생기기 시작하자, 찰리는 급작스럽게 불안을 느끼기 시작했고 이런저런 핑계를 대며 방과 후 스포츠 활동을 빠지기 시작했으며 다른 아동으로부터 스스로를 고립시키는 것처럼 보였다. 찰리의 어머니는 딸의 이런 변화를 눈치 채고 찰리가 겪고 있는 신체적 변화에 대해서 대화를 통해서 안심시켜주려고 노력했다. 초경이 시작되고 찰리는 자신감을 상당히 잃었으며 자신의 신체에 나타나고 있는 변화가 지극히 정상적인 것이며 건강하다는 증거라고 말하는 어머니를 믿지 않았다. 이것은 단지 학교의 다른 여자아동과 달라서 당혹스럽다거나 월경이 시작되면서 위생에 관련된 실제적 문제들을 어떻게 해결하느냐에 대한 걱정뿐만이 아니라, 대부분의 또래들에 비해 빨리 시작된 사춘기가 혹시 자신의 출생에 관련된 것이 아닌가하는 걱정에 머리가 복잡했다. 찰리는 자신의 신체에서 일어나고 있는 변화가 자신이 학교에서 인기 있는 것과는 상관없이 자신이 있을 곳이 아닌 곳에 있다는 증거가 아닐까 하는 생각을 갖게 되었다. 기묘하게도 사춘기가 시작된 후로 찰리의 친한 친구 몇 명은 경외심으로 찰리를 대하였고 찰리는 친구들로부터 더욱 많은 존경과 지지를 받았다.

자신에게 일어나는 변화에 견디지 못한 찰리는 "아무도 이게 어떤 기분인지 몰라!"라고 어머니에게 소리 지르기도 하였다. 찰리에게 남들보다 일찍 시작된 신체 발육은 상당한 고립감을 느끼게 하였으며 이로 인해 찰리는 상당히 많은 안심과 확인을 필요로 했다. 다행히도 찰리 어머니는 평소 찰리와 친밀한 관계를 유지하고 있었기에 찰리가 털어놓는 성장에 따른 고충들을 지속적으로 들어주고 지지해주었다. 어쩌면 당연한 일이겠지만, 찰리가 자신의 새로운 몸에 적응하기 시작하고 자신이 입양되었기 때문에 다른 아동과 영원히 다를지도 모른다는 두려움에서 벗어나게 되면서, 찰리는 한두 명의 여자아동과 더욱 친밀한 관계를 형성했으며 어머니에게 자신의 고충을 털어놓는 일이 줄어드는 대신에 10대가 되기를 손꼽아 기다리는 다른 여자아동과 더욱 어울리게 되었다.

물론 남녀 아동은 성장하면서 부모님보다는 친구들이나 또래에게 의지하기 시작하겠지만 아동이 친구들과 어떤 관계를 갖게 되는지는 초기 부모와의 관계, 특히 동성의 부모와 어떤 관계를 갖느냐에 상당한 영향을 받게 된다. 찰리의 경우를 보자. 어머니가 보기에 찰리가 갖고 있던 걱정들은 터무니없는 것들이었지만, 변화를 겪고 있는 찰리를 돕기 위해 기꺼이 시간을 내주고 열린 태도로 대한 덕분에 찰리는 힘든 시기를 잘 넘길 수 있었다. 어머니가 보여준 이런 따스함과 친밀감이 찰리가 친구들과 갖게 될 관계, 혹은 훗날 남자아동이나 성인 파트너와 갖게 될 관계의 밑그림이 되어 주었다.

일부 여자아동은 사춘기의 시작을 자신이 건강하며 정상적인 과정이라는 증거로 받아들이겠지만, 그래도 마음 한편에는 상실감이 존재한다. 찰리와 마찬가지로 여자아동은 월경이 시작되면서 동반되는 성인으로서의 삶이나 성 정체성에 대해서 분노를 느낄 수도 있을 것이고 심지어는 아직 자기들처럼 신체에 변화가 시작되지 않은 다른 아동에게 질투심을 갖게 될지도 모른다. 대체적으로 아동의 이런 근심걱정은 자신감이 붙으면서 자신에게 일어나는 변화를 받아들이면서 사그라지게 되지만, 간혹 증가한 호르몬 활동과 생리통에 수반되는 신체적 불편함으로 인해 아동이 위축되거나 고립될 수도 있고 자존감이 결핍되는 결과를 가져오기도 한다. 좀 더 나이 있는 청소년들이 자신의 정체성에 대해서 걱정하고 어른이 된다는 것에 관심을 가지며 여러 고충들을 겪는 것처럼 만 10~11세의 아동 역시 혼란과 상실감을 느끼게 된다. 예를 들어 이 연령대의 아동은 자신이 여전히 어린 아동처럼 굴어도 되는지에 대해 확신이 사라진다. 그래서 남자친구를 사귀거나 10대들이 하는 것들을 하기에는 아직 어리다고 생각하면서도 한편으로는 더 이상 속 편하게 놀 수만도 없다고 생각하며 놀이터에서 친구들과 뛰어놀던 것에도 흥미를 잃게 된다.

좀 더 평균적인 속도로 성장하는 여자아동의 경우, 사춘기는 아직 먼 이야기처럼 들릴 수도 있다. 하지만 이 아동 역시 상당히 불안해하고 확신이 없을 수도 있다. 일부 여자아동은 곧 겪게 될 월경에 대해 불안을 느끼며 자신의 주변 아동이 경험하는 신체적, 정서적 변화의 신호를 무시하려 부단히 노력한다. 이러한 현상은 자신들의 나이에는 맞지 않는 놀이(더 어린 아동과 노는 놀이나 게임) 등에 상당히 빠져들거나 집착하는 만 10~11세 여자아동 사이에서 볼 수 있다. 케이라는 여자아동의 이야기를 살펴보자.

케이는 청소년기(사춘기)에 대해 주변에서 들은 이야기 때문에 매우 불안해했으며 학급의 몇몇 여자아동에 비해 자신이 보잘것없이 느껴졌다. 그녀는 아시아와 아프리카 지역에서 멸종위기에 빠진 동물들을 관찰하고 관련 정보를 제공해주는 텔레비전 프로그램이나 인터넷 웹사이트를 보는 것을 좋아했다. 케이는 이미 유년기에 읽었던 재미있는 동화책이나 동화 이야기를 주제로 한 만화영화를 보는 것을 점점 더 좋아하게 되었다. 그녀의 부모님은 딸이 유년기의 정체성으로 돌아가려는 듯한 모습이 재미있기도 했고 한편으론 이해할 수가 없었다. 시간이 지나면서 케이는 조금씩 이런 유아적인 모습에서 벗어나 자신의 나이에 맞는 활동이나 대화에 관심을 갖기 시작했다. 자신의 성장과 발달에 대해 더욱 자신감과 확신을 갖게 되었지만 유년시절의 즐거움과 익숙한 것을 완전히 뒤로하고 자신을 기다리고 있는 10대라는 새로운 신체적, 정서적 변화로 나아가기에는 시간이 필요했다.

모든 아동은 자신의 몸에서 일어나는 변화에 대해 저마다의 불안과 희망, 기대를 갖고 있을 것이다. 10대 청소년과 아동을 비교하면 청소년보다 아동이 부모의 영향에 의해 더 잘 적응하고 지낸다. 또 어떤 가족에게는 부모와 아동 모두에게 이전과는 다른 새로운 관계의 시작을 의미하는 청소년기의 시작이 편안하고 즐겁게 다가올 수도 있다. 우리는 이따금 성장기에 따른 신체발달에 어리둥절하고 흥분되던 시절이라든지 혹은 홀로 남겨진 듯한 기분을 느끼며 자신에게 실망했던 적을 떠올릴 것이다. 아동 역시 우리가 10대에 접어들어 신체에 변화가 생기면서 가졌던 기분들을 비슷하게 느낄지 모른다. 혹은 우리와는 다른 생각들을 하고 있을지도 모르기 때문에 이 연령대 아동의 행동이나 생각을 알 수 있을 만한 체크리스트가 존재하지 않는 게 아쉽다.

청년

만 10~11세 남자아동의 신체적 발달은 지난 3년(만 7~9세) 동안이나 계속된다. 대부분의 만 10~11세 남자아동의 경우, 성적 발달에 관련된 신체적 변화에 영향을 받지 않는 것으로 보이지만 예외는 존재한다. 아동은 주변 아동에게서 나타나는 변화를 의식하게 될 것이지만, 대체로 이 연령대의 남자아동은 여자아동처럼 신체적인 변화에 대해 감정적으로 힘들어하지는 않는다. 하지만, 성에 점차 눈을 뜨기 시작하면서 자신에게서 일어나는 변화들이 어떤 형태로 나타나는지에 대해 호기심이나 의구심이 들면서 남자아동 역시 신체에 몰두하게 된다. 아동의 모든 놀이는 일종의 연구 과제로 생각되어질 수 있는데 아동은 놀이를 통해 바깥세상뿐만 아니라 자신들의 내면세계를 탐구하고 살펴보기 때문이다. 이는 유아가 곰 인형에 자신의 옷을 입혀 재우는 모습에서 보다 분명히 보이긴 하지만 좀 더 나이 든 아동이 역할 놀이나 공상과학, 혹은 로봇 장난감 등에 매료되는 모습에서 찾아볼 수 있다.

아동이 흔히 가지고 노는 장난감이나 조립세트들은 로봇이나 건물 등을 조립하고 창조하는 과정을 통해 아동이 자신들 내면의 잠재력을 기르며 변형하고 접촉할 수 있도록 설계 되었다. 아동 장난감 제조사는 아동에게 상상하고 추론할 수 있는 기회를 제공하는 것을 강조하지만, 조립식 장난감은 아동에게 정신적, 정서적, 신체적 발달 기회를 제공함으로써 아동들이 보다 창의적으로 사고할 수 있게 해주는 중요한 연구조사 기회를 제공한다. 만 10세의 남자아동이 훗날 자신이 근육질의 키 크고 강한 성인 남성으로 자랄 것이라고 믿는 것은 자신이 성인이 되었을 때의 모습들을 머릿속으로 충분히 상상해보지 않고서는 불가능한 일일 것이다.

비슷한 맥락으로, 신체 놀이와 자신의 신체에 대한 인식은 남자아동의 성장이나 발달에 있어서의 자신감에 상당한 영향을 미친다. 아동이 자신의 신체를 탐구해보는 것과 이에 대한 반응은 나중에 어른이 되었을 때 신체적, 성적 생활을 받아들이는 데 기여하게 된다.

제5장

학교 생활

understanding

전환기 다루기

만 10~11세의 아동은 학업 생활에서 전환기를 맞게 된다. 대부분의 아동의 전환기는 초등학교에서 중학교로 올라가면서부터 구체적이고 분명한 학업 생활이 공식적으로 시작된다. 아직 중학교로 진학을 하지 않은 아동의 경우에도 학교는 바뀌지 않았지만, 학년이 올라가면서 보다 도전적이고 힘든 학습 일정이 아동을 기다리고 있다. 교사들과 교육 프로그램들은 수업규정에 따라 아동이 이전 학년에 비해 추론 능력과 독립적 사고 능력이 증가하기를 기대한다. 이러한 기대는 수학, 언어 수업을 비롯하여 역사, 과학, 지리학 등에서 아동에게 주어지는 문제나 질문의 형태로 나타난다. 기존에는 학습과정에서 다양한 접근법이 사용되었지만, 만 10~11세의 아동은 학교에서 신체적 활동을 통한 놀이와 학습이 점차적으로 줄어들고, 읽기, 쓰기, 추론이 이를 대신한다. 아동은 수업에서 배운 것을 암기해야 하는 도전에 부딪치게 되며, 종종 일련의 정보들이 가져다줄 수 있는 힘과 규칙을 즐기게 된다. 만 10세 전까지는 서로

상반되는 정보를 균형 있게 처리하거나 각기 다른 견해를 요구하는 주제들에 대해서 다양한 관점에서 생각하는 능력이 부족하지만, 만 10세나 그 이후로는 자신의 기억에 기반을 둔 삶의 경험에서 결론을 이끌어낼 수 있게 된다. 우리의 기억은 사실적인 정보의 세부적인 것들을 저장할 뿐만 아니라, 우리가 이해하고 생각하는 세상을 구성하는 감정적 경험들도 저장한다. 이러한 역동적인 경험의 축적을 바탕으로 만 10세 아동은 더 많은 정보와 경험에 근거해서 생각하고 추론할 수 있게 된다. 이것이 아동으로 하여금 자신의 세계와는 다른 세계를 이해하고 상상하고 자신과 공감하는 사람들에게 더욱 감정이입을 할 수 있게 만들어준다. 마치 어린 아동이 자신의 어머니가 느끼는 감정을 알아차릴 수 있듯이, 만 10세 아동 역시 다른 사람들이 직면하는 딜레마나 선택들을 알아차리고, 자신의 경험을 토대로 자신만의 관점을 구성해나가기 시작한다.

학교에서는 만 10~11세의 아동에게 독립적이고 조직적인 활동을 요구하기 시작한다. 이 시기에 아동은 어느 수업에 어떤 교과서가 필요한지 기억하고 필요한 교과서를 해당 수업에 가지고 다녀야 하며, 이전 학년에 비해 훨씬 복잡한 시간표를 관리하게 된다. 대부분의 만 10~11세 아동은 학년이 올라감에 따라 늘어난 책임감과 자율성을 감당할 준비가 되었지만, 다른 연령 단계에서처럼 어떤 특정한 연령대에 요구되는 능력에 못 미칠 수 있으며, 전환기로의 전환에 상당한 어려움을 겪을 수 있다. 부모의 학창시절 경험과 감정이 아동이 학교에서 새로이 요구되는 것들을 어떻게 받아들이느냐에 영향을 미치기도 한다.

가끔 아동이 학교에서 경험하는 높은 기대치 변화는 낮 동안의 학교 생활로 국한되지만, 대부분의 아동은 집에서도 규칙적이기를 요구받는다. 많은 아동이 이미 어느 정도 집에서 숙제를 하는 것에 익숙하기 때문에 적응하는 데 별 어려움이 없지만, 이를 효과적으로 수행하기 위해서 아동에게 어느 정도의 동기부여가 필요하며 체계적일 필요가 있다. 이전에 비해 늘어난 학업량은 아동 본인뿐 아니라 부모들에게도 도전이며 어려운 일이다. 일부 아동은 읽기에 재능을 보이며 스스로 학업을 하는 데서 오는 만족감을 느끼고, 학교 선생님들로부터 주어지는 어려운 과제들을 즐길 줄 알며 보다 복잡하고 난이도 있는 학습을 하고 싶어 한다.

아동이 초등학교에서 중학교로 진학을 하는 새로운 학교를 다니게 되면 평소 낯익은 선생님들이나 환경을 뒤로 하고 상급생들이 우글거리는 새로운 집단에서 가장 학년이 낮고 나이 어린 구성원으로서 새로이 시작을 해야 하는 어려움을 겪게 된다. 중학교에서는 초등학교 시절에는 가능했던 선생님들로부터 학습과 사회성 발달을 위해 아동 개인에게 주어지던 관심을 더 이상 받지 못하게 된다. 어쩌면 아동은 학교에서 대부분의 시간을 한 교실에서 보내며 선생님 한두 명으로부터 수업을 받고 자신의 미술작품이 교실 한편에 자랑스레 전시되는 것에 그저 익숙해야 될지 모른다. 이런 점에서 중학교로의 진학은 아동에게 상당히 충격적일 수 있는데, 자신이 받던 관심이 더 이상 자신의 것이 아니기 때문이다. 중학교에서 아동은 과목에 따라 교실을 옮겨 다니게 될 것이다. 이에 따라 아동은 더 이상 초등학교에서 그랬던 것처럼 자신에게 배정된 교실이 없이 수업에 따라 자신들의 책이나 물건들을 가지고 교실을 옮겨 다녀야 하며, 사물함이나 라커룸에 자신의 물건들을 보관하게 된다. 또한, 선생님들은 아동을 자신이 맡은 반의 20~30명 아동 중의 하나로 보는 것이 아니라, 자신의 수업을 들으러 옮겨 다니는 수많은 아동의 1명으로 본다. 이전에 비해 중, 고등학교의 경우 일과 책임감이 뒤따르는 어른세계에 보다 가깝기 때문에 아직 독립적이고 책임감이 따르는 생활에 준비가 되지 않은 아동에게는 중, 고등학교 생활은 불안하게 느껴질 수 있다.

핵심 기술

누군가가 학습기회들을 활용하고, 경험에 근거해서 자신의 생각과 견해를 적용할 수 있기 위해서는 상대적 자신감과 안정감을 느껴야 한다. 특히 이러한 느낌은 자신이 읽기, 쓰기 그리고 산술과 같은 기본적인 기술을 갖고 있다는 느낌에 영향을 받게 된다. 아동은 매 학기마다 읽기나 수학테스트에서 성공을 거두기 위해 상당한 수준의 불안을 경험하는데 이는 학습을 즐거움이나 삶의 질을 높여주는 근원으로써 학습을 독려하거나, 혹은 학생들이 이해할 수 있는 구칙으로 직접적인 구조의 중요성 이 두 가지를 반영하는 것으로 보인다. 그 결과 아동은 자신들이 살고 있는 세상에 대해 자신감을 가질 수 있을 만큼 충분한 기술을 쌓았고 원재료들을 가지고 있는지에 대해 의구심이 커지게 됨을 알게 된다. 대부분의 아동은 학교에서 시험을 치루며 어느 부분에 어려움을 보이는지 발견하고 기초과목에 대한 추가적인 도움을 받아 다방면에서 준비를 할 수 있다. 하지만 가끔씩 다양한 이유에서 이러한 기술들이 아직 아동에게서 확립되지 않을 수 있고, 아직 준비가 되지 않은 아동은 자신들에게 주어진 새로운 학업적 기대의 압박으로부터 위협을 느끼게 된다.

만 10~11세 아동은 숫자나 단어를 해독하고 기억하는 것과 같이 어느 특정한 학습에서 어려움을 보일지도 모른다. 어떤 아동은 글로 써진 것들은 잘 이해하지만 수업 시간에 선생님들이 말로 전달하는 정보들을 이해하는 데 어려움을 보인다. 발달 및 성장의 전체적인 균형에서의 일시적 변화의 신호라고 할 수 있는 이러한 비효율성이 교사들과 심리학자들에 의해 점점 더 부각되고 있다. 어떤 아동에게는 읽기나 산술 과제가 특히 어렵게 느껴질 수 있으므로 별도로 개별적인 도움을 줘야만 이러한 어려움을 해결할 수 있을 것이다. 대다수의 교사들은 이 연령대의 아동이 학업에서 겪는 어려움을 이해하려고 노력하고 있으며 앞으로의 학습에 대비하여 도움이 될 수 있도록 노력한다. 종종 부모들은 교사들이 자신의 아동이 학습에서 겪는 어려움을 잘 모른다고 느낄 수 있는데, 이것은 교사들이 하나의 문제에 대해 세부적으로 이해하려는 아동의 노력에 대해 충분한 정보를 모으지 못했기 때문이다. 아동의 초기 학교 생활에서 부모는 쉽게 만날 수 있으며 자신의 아동을 한 인격체로 잘 이해할 수 있는 교사와 친밀한 관계를 유지하는 것이 중요하다. 시간이 지나면서 부모와 교사, 또는 다른 학교 직원들과의 의사소통은 덜 즉각적이게 되고, 교사들은 학생들이 교실에서 필요로 하는 정서적 욕구에 덜 관여하게 된다. 교사가 아동에게 지속적으로 관심을 갖고 부모나 보호자들과 지속적으로 원활한 의사소통을 하기 위해서는 부모의 헌신과 노력이 필요하다. 아동이 학교에서 어려움을 보이는 부분을 교사나 교직원들에게 알리는 것이 굉장히 큰 도움이 될 수 있다. 자연스럽게 아동이 겪는 어려움에 대한 탐색이 이루어질 것이다.

예를 들어 어떤 아동은 읽기 숙제를 하는 데 여러 가지 이유로 어려움을 보일 수 있다. 이는 아동이 학습을 잘 받아들이지 못하고 있다는 신호일 수 있는데 이것이 보충수업 등의 추가적인 도움을 필요로 하는 문제인지 아니면 일시적인 문제인지를 판단하기 위해 주의 깊게 탐색해야 한다. 또한 아동이 학업 외적인 문제로 걱정을 하고 있을 때 학업에서 어려움을 보일 수 있다. 가정 생활에 대한 걱정이 있거나 몸이 아픈 아동은 수업 시간에 수학공식을 배울 때 완전히 집중하기 힘들 것이다. 아동이 학습에 어느 정도의 어려움을 겪고 있는지를 평가하는 것은 교사들에게 있어서 꽤나 까다로운 문제일 수 있는데 부모가 이에 대한 정보를 제공해준다면 상당한 도움이 될 것이다.

스트레칭

만 10~11세의 아동은 교육이라는 세계 속에서는 어색한 위치에 놓여 있다. 아동은 학습뿐만 아니라 독립심이나 책임감에서도 보다 성숙하게 행동하도록 요구받지만, 대부분의 아동은 아직까지 관리 감독과 가이드를 받는 환경을 필요로 한다. 교실 안에서의 생활보다는 운동장, 복도, 식당에서의 생활이 아동에게 위압감을 줄 수도 있다. 어른의 지도나 감시를 받지 않는 도서관에서의 자율적인 시간이나 운동부나 특활활동이 아동에게 상당한 자신감을 주기도 하지만, 또래들 사이에서 자유롭지만 경계가 모호해진 새로운 생활은 일부 아동에겐 감당하기 벅찬 것일 수 있다. 대니라는 만 11세 남자아동의 이야기를 살펴보도록 하자.

> 대니는 체구는 작지만 매우 영리한 만 11세 남자아동이었으며 자신보다 3살이 많은 형이 다니던 중학교에 다니게 되었다. 중학교를 다니기 시작하며 조금 겁을 먹은 대니는 허세를 부리기 시작했다. 매일 아침 큰 걸음으로 성큼성큼 교문을 지나며 큰 목소리로 반 친구들을 불렀다. 대니는 우스갯소리를 하거나 방과 후에 했던 일에 대해서 이야기하며 친구들의 관심을 끌었으며 초등학교에서 그랬던 것처럼 교실에서도 우스꽝스런 표정을 하거나 꼼지락거리면서 친구들의 관심을 끌기 위해 노력했다. 초등학교에서는 이런 행동들로 선생님의 관심을 끌고 친구들 사이에서도 일

종의 문제아로 큰 인기를 얻을 수 있었다. 이런 문제행동에도 불구하고, 대니의 초등학교 시절 담임선생님은 대니의 종잡을 수 없는 행동들을 잘 다룰 수 있었고 그의 이런 행동들이 체구가 작다는 걱정에서 비롯되었다는 것을 이해해주었다.

새로 다니게 된 중학교의 선생님들은 대니를 초등학교 선생님이 그랬던 것처럼 인내심을 갖고 대해주지 않았다. 출석을 부르던 선생님은 그의 어릿광대 같은 행동을 시간을 낭비하고 관심을 끌기 위한 행동이라고만 여겼다. 대니가 관심을 끌기 위해 하는 행동들은 학교 체제의 권한에 도전하는 행위로 여겨졌으며, 선생님들은 대니를 방과 후에 학교에 남게 하거나 숙제를 더 많이 내주는 식으로 자신들의 권한을 행사했다. 형처럼 학교 생활을 잘하길 원하는 대니에게 상황이 안 좋게 흘러가고 있었지만, 첫 학기가 끝나고 부모님과의 면담시간에서 대니의 어머니는 선생님들에게 아들의 참모습에 대해서 이야기할 수 있는 기회가 생겼다. 대니는 단지 형처럼 되고 싶어 했으며 체구가 작은 것에 대해 걱정하고 있다는 것을 선생님들에게 알린 후로 선생님들은 대니에게 동정심을 느끼고 이해해주었으며 점심시간이나 운동장으로 갈 때 그리고 버스로 이동할 때 같이 다닐 수 있는 상급생을 한 명 붙여주었다. 같이 다닐 수 있는 상급생을 붙여주자 대니는 체구가 작다는 등 그 동안의 걱정으로부터 벗어나서 자신감을 갖기 시작했다. 자신에게 의지할 수 있는 상급생이 생겼다는 것을 자랑스러워하였으며 학교 생활을 잘 할 수 있을 거라는 희망을 갖기 시작했다. 또한 선생님들로부터 주어지는 새로운 과제들을 수행할 수 있는 능력이 있다고 생각했다.

일부 아동은 우리 모두가 기억하는 학창시절의 일상적인 걱정들 외에도 다른 어려움을 경험할 수 있다. 예를 들면, 학교에서 요구되는 것이 많을 시기에 예기치 못하게 질병이 생기는 것은 아동에게 상당히 힘든 일이다.

불운

샐리는 주변에 친구가 많고 지역 레저 센터에서 승마를 하거나 트램펄린을 즐기는 등 호기심이 많은 발랄한 만 11세 여자아동이다. 중학교 입학 후 첫 한 달 사이에 샐리는 승마 중에 조랑말에서 떨어져서 다리가 부러지는 사고를 당했다. 사고로 인해 샐리는 병원에 몇 주간 입원해야 했고 다리를 핀으로 고정시켜야 했다. 사고가 있기 전 샐리는 초등학교 시절 친구 2명과 같은 중학교에 다니게 되었다는 사실에 굉장히 즐거워했으며 중학교 생활에 대해 많은 기대를 갖고 있었다. 샐리의 부모님은 딸이 다니게 된 새 중학교에 대해서 조금은 걱정을 하고 있었는데, 학교에 통학하기 위해선 집에서 상당한 거리를 걸어가서 버스를 타야 했기 때문이었다. 하지만 샐리는 이에 잘 적응하는 것처럼 보였다. 사고로 다리가 부러진 것은 샐리에게 있어서 굉장히 속상한 일이었는데, 사고로 인해 초등학교 시절 친구들과 중학교에서 새로 사귄 친구들로부터 떨어져 있어야 했기 때문이다. 그녀의 반 친구들은 사고를 당한 샐리에게 동정적이었으며 선생님은 영어시간 동안 학급 친구들이 샐리에게 편지나 이런 저런 이야기들을 쓰도록 해주었다. 친구들은 샐리를 보러 병문안을 왔고 샐리의 가족들은 친구들에게 전화도 자주하고 오고 싶을 때면 언제라도 샐리를 보러 오라고 말해주었다. 사고로 인해 샐리는 남은 학기 동안 꼼짝없이 병원에 있어야 했고 겨울이 지나 봄이 와서야 목발을 짚고 절뚝거리면서 학교로 돌아올 수 있었다.

잘 웃고 외향적인 샐리는 주변으로부터 많은 공감과 동정을 받았다. 학기 초에 샐리에 대해서 잘 몰랐던 선생님들이나 친구들도 그녀를 알아가기 시작했으며 샐리가 어떤 아동인지 알고 싶어했다. 병원에 입원해 있는 동안 학교 과제들에 대한 도움을 받기는 했지만 수업내용 대부분을 놓칠 수밖에 없었다. 너무 오랫동안 병원에 있었기에 학교에 잘 적응할 수 있을지에 대한 걱정이 많았고, 다른 언어를 배워본 적이 없던 샐리는 불어수업을 특히 걱정했다. 학교로 돌아오고 처음 몇 주 동안, 샐리는 그 동안 밀린 공부를 따라가느라 굉장히 피곤하고 예민해졌으며 굉장히 벅차했지만, 어른들의 격려와 응원 속에 차츰 자리를 잡아가기 시작했다. 학기 말 시험을 치를 즈음엔 같이 입학했던 다른 아동만큼 잘 해나갔다.

이번에는 샐리와 비슷한 상황에 처하게 되지만 샐리와는 사뭇 다른 결과를 보이는 앨릭스라는 여자아동의 이야기를 살펴보도록 하자. 앨릭스도 중학교에서는 보다 복잡한 과제들이 주어질 것이라는 사실과 스스로 공부할 자유가 더 많이 주어질 것이라는 사실에 즐거워했다. 앨릭스는 샐리와 마찬가지로 새로 시작할 중학교 생활에 대한 기대가 많은 학습 능력이 좋은 여자아동이었다. 앨릭스도 샐리와 마찬가지로 중학교에 함께 다니게 된 친구가 있었다. 앨릭스는 샐리같이 잘 웃고 쾌활한 아동은 아니었지만 친구들에게 인기가 있었고 선생님들로부터 가능성이 많고 학업에 열중하고 사려심이 깊은 아동으로 인정받았다. 그녀는 학교 생활에 차분히 적응해나갔고 주어지는 숙제를 열정적으로 해나갔으며 필요하다고 느끼면 주어진 숙제 이외의 공부도 하였다. 앨릭스는 자율학습 능력과 사고력을 중요하게 생각하는 점잖은 가정에서 자란 성숙한 소녀였다.

안타깝게도 크리스마스가 다가올 무렵, 앨릭스는 병에 걸려서 당분간 학교를 쉬어야 했다. 처음 병에 걸리고 의사선생님들은 앨릭스의 병이 무엇인지 알아내지 못했고 인근 병원으로 보내서 여러 검사를 받도록 했다. 그 동안 앨릭스의 상태는 더 악화되었으며 결국에는 병원에 입원하게 되었고 만성 신장병을 앓고 있다는 것을 알게 되었다. 집으로 돌아온 후 몇 달 동안에도 앨릭스는 몸져 누워 있어야 했으며 주기적으로 병원에 다녀야 했다. 샐리와 마찬가지로 앨릭스도 입학 후 첫 학기의 대부분을 빠질 수밖에 없었다. 선생님들은 앨릭스가 집에서 공부할 수 있도록 과제들과 수업내용들을 준비해주었고 앨릭스는 집에서 음악을 듣고 그림을 그리며 시간을 보냈다. 친구들이 집으로 병문안을 왔지만 아직 몸이 좋지 않았던 앨릭스는 친구들의 방문이 피곤하다고 느꼈고, 학교에서 했던 놀이나 특활활동이나 여러 학교 활동들에 대해 즐겁게 이야기하고 떠드는 것이 화가 났다.

> 앨릭스는 학교로 하루 빨리 돌아가고 싶었으며 아파서 누워 있던 동안에 빼먹은 학교 수업을 따라갈 자신이 있었다. 하지만 학교에 돌아오는 것은 앨릭스가 생각한 것처럼 쉽지 않았다. 학교를 쉬는 동안 앨릭스의 성격은 이전보다 조용해지고 진지해졌으며 앨릭스의 학급의 여자아동은 학교 생활에 완전히 적응하여 이미 서로 친하게 지내고 있었다. 앨릭스는 자신이 굴러온 돌이라는 느낌이 들었고 같은 반 여자아동과 친해지는 데 어려움을 겪었다. 새 학기가 시작되고 앨릭스는 근면함과 명석함으로 주변으로부터 인정을 받고 새로운 친구들을 사귀며 학교 생활에 점차 적응해나가기 시작했지만, 여전히 다른 아동과 거리가 있었으며 아프기 전만큼의 자신감을 회복하지는 못했다. 앨릭스는 상처 입은 자신감을 서서히 회복해나갔고 학업적으로 뛰어난 성적을 거뒀음에도 불구하고 다시 병이 재발하는 것에 대한 불안과 걱정으로부터 자유로워지기까지는 몇 년의 시간이 걸렸다.

샐리와 앨릭스의 두 이야기에서 볼 수 있듯이 이 두 여자아동은 자신들에게 닥친 불행한 사건에 대하여 꽤 다른 반응을 보였다. 이런 급작스런 불운에 가족이나 친구들 그리고 아동 고유의 성격이 어떻게 반응하느냐에 따라 아동에게 미치는 영향이 상당하다는 것을 알 수 있다. 사고를 당하거나 질병에 걸리는 것 이외에도 가족 내적인 어려움이나 걱정으로 인해 차질이 생길 수 있다.

집과 학교

마레크는 항상 친구들과 잘 지내는 남자아동이다. 비디오게임을 하거나 축구경기를 보며 시간 보내기를 좋아하는 마레크는 주변 사람들로부터 느긋하고 영리하지만 욕심이 별로 없는 아동으로 여겨졌다. 마레크도 친구들과 마찬가지로 다가올 중학교 생활에 대해 이런저런 생각들이 있었고 규모가 큰 남녀공학 중학교에 견학을 가게 되어 기뻤다. 중학교에 다니게 되면 과제나 학업에 잘 적응하고 배우는 모든 것을 다 기억할 수 있을지에 대해 궁금해 하기도 했지만 매주 큰 운동장에서 오후시간을 축구를 하면서 보낼 수 있을 거란 생각에 신이 났다. 여름방학이 오고 마레크와 누이동생은 외국에 살고 있는 삼촌댁에서 지내게 되었다.

외국에 있는 삼촌 집에서 지내는 동안, 마레크의 부모님은 아버지의 사업이 어려워지면서 비롯된 심각한 재정문제를 해결하려고 노력했다. 마레크의 아버지는 사업이 망하면서 어쩔 수 없이 가족들이 살던 집을 팔고 더 작은 집으로 이사해야만 했다. 마레크의 어머니는 살고 있던 집에 큰 애착을 갖고 있었고 주변에 좋은 친구들이 많았기에 집을 팔고 다른 곳으로 이사 가야 한다는 사실에 매우 화가 났다. 마레크와 누이동생이 집에 돌아왔을 때 이미 이삿짐이 꾸려지고 있었고 마레크의 부모님은 아동을 안심시키려고 노력했다. 재정문제를 해결하기 위해 집을 빨리 팔아야 했으며 아동의 새 학기가 시작되면서 마레크의 가족은 전세아파트로 이사 가게 되었다. 마레크의 부모님은 집이 힘들어져 살던 집을 갑작스레 팔고 아파트로 이사하면서 마레크가 부정적인 영향을 받지 않도록 하기 위해 가족에게 닥친 변화에 대해서 마레크와 이야기하려고 노력했다. 마레크는 가족에게 닥친 변화에 굉장히 분노했으며 가족에게 닥친 불행을 모두 아버지 탓으로 돌리며 원망하였고, 이런 모습을 본 어머니는 아버지의 죄책감과 불안을 가중시키는 마레크에게 화가 났다. 마레크는 주중에 학교에 다니면서 정이 안든 전셋집에서 벗어날 수 있다는 위안을 얻었다. 처음에는 친구들과 어울리며 자신에게 닥친 불행으로부터 벗어날 수 있다고 생각했지만 학업에 집중할 수 없었다. 겉보기에는 그럭저럭 이전처럼 해나가는 것으로 보여서 선생님들과 부모님은 마레크에 대해 특별히 걱정을 하지 않았지만 학년 말이 되었을 때 문제가 달라졌다. 마레크가 학교 수업에서 배운 내용을 거의 아무것도 소화하지 못했다는 것이 학년 말 기말고사 성적표에서 드러났다. 마레크에게 선생님들은 짜증이 나고 안달이 났으며 마레크는 선생님들의 갑작스런 악평에 모욕감을 느꼈다.

학교 생활이 마레크가 겪고 있는 가족 문제에 대한 걱정이나 불안을 덜어주지 못하고 있다는 것은 마레크 자신뿐만 아니라 그 누구에게도 드러나지 않았다. 아버지의 사업이 어려워지면서 가족 모두가 힘든 시기를 보내야 했지만, 마레크의 부모님은 이 위기를 잘 극복하고 있었으며 아버지가 새로운 직장에 다니게 되면서 형편이 좋아지고 있었기에 마레크가 학교에서 이토록 뒤처지고 있었다는 사실에 당혹스러웠다. 마레크의 아버지는 아들의 느긋한 태도와 학교 공부에 소홀하게 대하는 등의 아들의 행동은 마레크의 나이 또래에서 흔히 일어날 수 있는 현상이며 나이가 들면서 차차 나아지리라고 생각했다. 마레크의 담임선생님이 마레크의 일관성이 없는 행동들에 대해 지적하기 전까진 어머니도 아버지와 마찬가지로 아들의 행동과 태도를 대수롭지 않게 생각했다. 마레크는 물리와 수학에서 좋은 성적을 거둘 수 있는 가능성이 충분했다.

마레크 자신도 어른들이 자신에게 지나치게 간섭하고 신경 쓰는 것에 굉장히 불편해했으며 한동안은 이런 현상이 점점 심해졌다. 어른들의 이런 관심과 참견에 마레크는 창피하고 당혹스럽다고 생각했으며 죄책감마저 느꼈다. 마레크가 속으론 얼마나 불안해하고 있는지, 그리고 바깥세상에서 일어나는 일들에 집중하는 것에 얼마나 힘들어하는지, 혹은 어떤 것에 대해서 생각하는 것 자체에 얼마만큼 어려움을 느끼고 있는지에 대해서 상상하기는 꽤나 어려운 일이었다. 영어 수업이나 역사 수업에서 요구되는 것들은 마레크로 하여금 상상력을 사용하고 주관적인 것들을 하나로 연결해야 할 필요가 있었기 때문에 힘든 시기를 겪고 있는 마레크에겐 상당히 벅찬 일이었다. 마레크가 영어나 역사 수업 등에 집중하고 수업에서 요구되는 것들을 수행하다 보면 집이 힘들어지기 전에 살았던 정들었던 예전 집과 안정되고 편안했던 예전 생활에 대한 기억과 감정들에 압도되기도 했다. 유감스럽게도 마레크의 부모님이 겪은 경제적 어려움의 시기는 마레크 자신이 아동기의 편안했던 시절을 뒤로하고 청소년기로 나아가는 혼돈의 시기와 겹쳐 일어난 것이다.

샐리, 앨릭스, 마레크의 이야기에서 볼 수 있듯이 이 연령대의 아동은 보통 사람들이 일반적이라고 여기는 어느 정도의 압박을 경험하게 되며, 만 10~11세의 아동은 사춘기를 겪고 있는 청소년기의 아동처럼 그렇게 극심한 감정적인 변화를 보이지는 않기 때문에, 부모는 대개 아동이 겪는 혼돈이나 어려움을 10대로 가기 위한 간단한 절차 정도로 생각한다. 초등학교에서 중학교로 넘어가는 전환기를 맞이하는 아동이 새 학교에 얼마나 잘 적응할 수 있는가는 아동이 속한 가족의 문화, 아동의 성격, 그리고 학교나 또래 집단의 기대치에 크게 영향을 받게 된다. 부모님이 아동의 삶에 미치는 영향력은 아동이 만 10~11세 정도가 되면 이전만큼 겉으로 크게 드러나지는 않지만 여전히 절대적이다. 또한 부모는 가끔 아동이 보이는 갑작스런 성장에 놀라기도 하며, 이런 이유로 인해 아동에게 어떤 도움을 주어야 할지 판단하기 힘들어지기도 한다.

다른 견해

마리의 어머니는 중학교 시절에 대한 안 좋은 기억을 갖고 있었다. 어린 시절 형제자매 없이 부끄럼을 많이 탔던 마리의 어머니는 중학교 입학 후 처음 며칠 동안 상당히 큰 운동장과 시끄럽고 떠들썩한 학교 상급생들의 행동에 겁에 질렸던 기억을 갖고 있다. 중학교 시절 안 좋은 기억이 많았던 마리의 어머니는 딸이 중학교에 입학하게 되자, 마리가 경험할지도 모르는 어떤 불쾌함이나 어려움으로부터 딸을 보호하고 싶어 했으며 딸이 중학교로 진학을 하게 되면서 겪게 될 변화나 도전들에 준비될 수 있도록 많은 이야기를 해주었다. 어머니의 이런 노력은 어느 면에선 마리에게 굉장히 많은 도움을 주었고, 마리는 새 학기에 필요한 학용품을 준비하고 교복을 사는 등 다가오는 새 학기를 설레는 마음으로 기다렸다. 그렇게 기다리던 학교 첫날에 마리는 매우 초조하고 불안해하였고, 이런 딸의 모습을 본 어머니는 오전에 직장을 쉬면서까지 딸과 함께 교문까지 가주었으며, 마리가 진정이 되어 괜찮은 것을 확인하고 나서야 딸을 들여보내고 일을 하러 갔다. 학교 첫날을 마친 마리는 집에 돌아와 어머니에게 별 다른 이야기 없이 조용했으며 일주일이 지나는 동안 점점 더 조용해졌지만 사실 마리는 학교가 어머니가 말해준 것보다 훨씬 더 재미있는 곳이라는 사실에 기뻐하고 있었다. 반면에 점점 조용해지는 마리를 지켜보며 걱정이 된 어머니는 금요일 오후에 담임선생님을 찾아가게 되었다. 선생님은 마리가 학교에 매우 잘 적응하고 있으며 다른 여자아동과도 잘 지내고 있다고 어머니를 안심시켜 주었다. 그럼에도 불구하고 마리의 어머니는 선생님이 마리가 같은 반의 다른 아동과 잘 지내기 위해 속으로 느끼고 있는 불안을 감추고 있다는 것을 모르고 있다고 생각했다. 결국 선생님과 어머니는 일주일 정도 지켜보고 다시 이야기하기로 결정했다.

일주일이 지났지만 마리는 여전히 조용했다. 마리의 어머니는 마리로부터 이야기를 이끌어내기 위해 학교는 어땠는지 물어보는 등으로 딸에게 어떤 걱정거리나 고민이 있는지 궁금해하였고, 마리는 단지 어깨를 으쓱이며 별일 없다고만 대답하였다. 마리의 담임선생님 역시 마리가 학교 생활을 즐거워하며 학급에서 마리보다 더 조용하게 지내는 아동과 친하게 지내는 등 아무런 문제가 없다고 생각했다. 결국에는 마리의 어머니는 마리에게 학교 생활에 대해서 이것저것 물어보기를 그만둘 수밖에 없었고 마리에 대한 걱정에 좌절감과 무기력함을 느꼈다. 어머니는 마리가 점점 조용해진다고 생각했으며 학업에도 뒤처지고 기회를 봐서 최대한 빨리 학교를 그만두려 할지도 모른다고 생각했다.

몇 달 후, 평소 불어 수업을 좋아했던 마리가 스페인어 수업을 들게 되었다며 불어 이외에도 다른 언어를 배운다는 것에 대해 굉장히 즐거워하는 모습을 보고 어머니는 굉장히 놀라고 충격을 받았다. 마리와 그녀의 친구는 학년 전체에서 언어 수업에서 가장 뛰어난 학생이었으며 자신들도 이 사실에 굉장히 자랑스러워했다. 마리의 어머니는 딸의 이런 모습에 굉장히 놀랐지만 서서히 마음을 추슬렀고, 딸이 자신과 남편과는 특히 어머니 본인과는 다른 면을 물려받았다는 것을 깨달았다. 어머니는 마리가 수줍음 타는 성격과 어머니 자신이 중학교 시절 그랬던 것처럼 딸이 학교에 적응을 잘 하지 못하고 고통을 받을까 봐 불안해하고 걱정했지만 마리는 학교 생활에 자신감을 갖고 굉장히 잘 적응해 나가고 있었다. 이런 어머니의 걱정과 사정을 알았던 마리는 자신이 학교에서 굉장히 즐겁고 행복한 생활을 한다고 어머니에게 말하면 혹시라도 어머니가 상처받을까 봐 어머니와 학교 생활을 공유하기를 어려워하고 있었던 것이다.

흔히 아동이 부모로부터 어떤 특성들을 물려받는 것이 사실이고 부모의 재능이나 특성을 그대로 보이기도 하지만, 종종 아동은 부모와는 굉장히 다른 면들을 갖게 되기도 한다. 이러한 사실은 요즘 부모들에게는 굉장히 혼란스러운 일일 수도 있을 것이다. 좀 더 시간이 지나면, 아동은 보다 확실히 자신만의 성격이나 정체성을 확립하고 만들어가길 원하게 되지만, 아동이 아직 만 10~11세 정도일 때에는 부모가 아동의 성장에 있어서 자신들의 역할을 재평가해보고 어떤 식으로 아동의 성장에 도움을 줄 것인지 생각해볼 필요가 있다. 아동과 발맞춰 성장하고 발달할 수 있는 능력은 우리들 개개인의 어린 시절 경험들에 의해 상당 부분 결정되고 영향을 받는다는 것은 틀림없을 것이다.

제6장

도움이 필요한 힘든 시기

understanding

자녀의 유년기 시절에, 부모는 평소 가정 생활에서 아동에게 의사소통과 대화를 생활화하는 연습을 시켜서 아동이 충분한 생각 없이 감정적으로 행동하지 않고 남들과 대화하는 데 자신감을 가질 수 있도록 도울 수 있다. 이는 어른들의 대화나 관심사에 아동이 자유롭게 끼어들도록 하는 것과는 조금 다르다. 부모님이나 친척 어른들과 대화를 할 수 있는 기회를 가지는 것은 아동에게 큰 자산이 되는 것은 분명하지만, 만약 아동이 가족 내의 모든 대화시간을 독점해야 할 권리가 있다고 생각하게 한다면 이는 아동에게 도움이 되지 않는다.

자신의 감정을 표현하고 분명히 말할 수 있는 사람들이 있지만 이는 저절로 생기는 능력이 아니며, 부모들은 어떻게 하면 자신들의 아동에게도 이런 능력을 심어줄 수 있을까 궁금해할지도 모른다. 감정표현을 잘 하지 않는 가족이라고 해서 아동에게 특별히 어려움이나 문제를 촉진하지는 않는다. 여기서 잠깐 많은 부모들이 걱정하는 주제로 돌아가보자. 아동이 불안이나 걱정으로 어려움을 겪고 있는지를 부모는 어떻게 알 수 있을까? 아동이 지난 9~10년

동안 어땠는지 알고 있는 것들을 생각해보는 것이 도움이 된다.

요컨대, 아동의 숨겨진 걱정이나 문젯거리들을 알아내는 데 사용할 수 있는 어떤 특별한 방법이 있는 건 아니지만 아동이 가지고 있는 세계관이나 관점을 염두에 두고 과거 사건들에서 아동이 어떻게 행동했는가와 현재를 비교해보는 것이 아동의 변화를 알 수 있는 귀중한 지표가 된다. 예를 들어 입맛이 까다로운 아동은 전환기나 스트레스에 시달리게 되면 입맛이 더욱 까다로워질 수 있는데, 상황이 나아져서 안정이 되기 시작하면 예측 가능한 행동 패턴으로 돌아갈 것이다. 갑자기 식욕을 잃은 아동의 경우에는 더 큰 의미가 있을 수 있다. 만 10~11세 아동은 어려움이나 스트레스에 대응하는 메커니즘을 이미 꽤 광범위하게 발달했을 것이다. 어린 아동과는 다르게 화가 났을 때 겉으로 표시가 분명히 나지 않을 수도 있지만 아동의 기분이나 세계관 또는 관점에 지속적인 변화가 보인다면 아동의 주변 환경에서 오는 새로운 스트레스 요소가 있지 않나 살펴볼 필요가 있다.

성장할 수 있도록 돕기

지금까지 이 책에서 다뤄진 아동에 관한 설명이나 논의는 만 10~11세 아동과 부모들의 일반적인 걱정거리들을 살펴보았다. 때때로 이런 어려움들은 상당히 일반적인 것이지만 바로잡기가 힘들 수 있다. 학습 능력에 지체를 보이는 아동이나 타인과 관계를 맺는 데 어려움을 보이는 자폐증을 가진 아동의 경우에서 볼 수 있듯이, 아동이 만 10~11세 정도가 되면 지금까지 이야기했던 문제점들 중 일부는 상당 부분 확실히 드러난다. 따라서 아동이 필요로 하게 되는 보다 복잡한 것들이 처음으로 부각되는 것은 아닐 것이다.

만 10~11세 아동은 아동기와 청소년기가 시작되는 시점의 중간에 놓여 있는데, 이 시기는 어떤 부모에겐 어려운 시간이 될 수도 있다. 이 외에도 아동이 인생의 일상적인 기복에 어떻게 반응하는지는 아동의 성격에 따라 많은 영향을 받는다. 새로운 나라로 이민을 가는 것이나 부모를 잃는 사건은 어떤 아동에겐 굉장히 고통스럽고 힘든 시간이 되지만 결국에 아동은 다시 안정을 찾고 올바르게 성장해나간다. 어떤 아동은 예민한 성격이나 콤플렉스를 갖고 있어서 이로 인해 삶의 균형을 쉽게 잃을 수도 있다. 그러면 사람들은 언제 아동에게 추가적인 도움을 주어야 하는지를 판단할 수 있을까? 그리고 만약 도움이 필요하다면 이는 영속적인 '나약함'이나 '결함'의 신호일까? 만 10~11세는 아동이 외적인 요소들에 많은 영향을 받는 시기이므로 어떤 불안이나 친구들과의 우정 문제로 고민하는 것은 흔한 일이다. 하지만 아동이 사회적 관계에서 지속적으로 고립되고 퇴보하는 모습을 보인다면, 혹은 쉽게 흥분하거나 어른들의 관심과 응원을 받음에도 불구하고 어른들과의 접촉에 괴로움을 느낀다면, 어쩌면 외부관점이 도움이 될 수도 있다. 예를 들어 이전 장에서 이야기했던 것처럼 가족 내에 눈에 띄는 변화가 없고 학교에서 특정한 어려움을 겪지 않았음에도 불구하고 아동이 뭔가에 불만족스러워하고 불행하다고 느끼고 있을지도 모른다. 흔히 아동전문가는 아동의 지속적인 걱정이나 행동 패턴을 비롯해서 아동을 이해하기 위한 지식을 갖추고 있을 뿐 아니라 부모들과 아동에 대한 관심과 흥미를 공유할 수 있는 사람이다.

특수교육의 필요성

학습에 특정한 어려움을 보이는 아동을 이해하고 도울 수 있도록 그 동안 많은 발전이 있었다. 근래에 들어서는 대부분의 학교에는 도움이 필요한 아동의 문제점을 살펴보고 어떤 도움을 줄 것인지 계획하는 전담 교원이 배치되었다. 교육체제는 아동이 읽고 쓸 수 있도록, 수학문제를 풀 수 있도록, 그리고 나중에는 시험에 통과할 수 있도록 돕는 데 큰 중점을 두고 있다. 하지만 일부 아동은 이런 식으로 제공되는 일반적인 도움을 제대로 받아들이지 못하는데 근본적인 이유는 다양하고 복잡하다. 흔히 교실학습에서 요구되는 것들에 대한 반응으로 생겨나는 다른 지각 능력과 이에 관련된 불안들이 복합적으로 작용하게 되고, 이런 요인들로 인해 아동은 보통 집중을 못하고 글자나 숫자를 기억하는 데 굉장한 어려움을 겪게 된다. 학습에 진전이 없는 것은 부모나 아동을 가장 불안하게 만드는 요소다.

성장과 발달의 다른 측면들처럼, 만 10~11세 아동이 학업에서 어려움을 겪고 있다면 얼마 지나지 않아 누군가의 눈에 띄었을 것이다. 가끔 아동은 도움을 받지 않고도 주변의 다양한 자원을 활용하고 빠른 학습과 지혜를 통하여 문제를 해결하기도 한다. 이런 경우에는 주로 맞춤형 교육이 문제 해결에 있어서 칠흑 같은 어둠 속에 한줄기의 빛을 비춰주는 등대와 같은 역할을 한다.

피아라는 여자아동의 이야기를 살펴보자. 피아는 사교성이 매우 좋으며 이야기를 좋아하고 모든 사람들과 모든 것들에 관해서 굉장한 호기심을 보이며 행복하고 즐거운 학교 생활을 보냈다. 피아와 급우들이 알파벳을 이해하기 시작하며 읽기에서 첫 걸음을 시작할 무렵 피아는 책에서 읽고 있는 이야기가 어떻게 전개되는지를 제대로 알고 싶은 간절한 마음에 많은 스트레스를 받기 시작했다. 읽기를 잘하려고 많은 노력을 기울였음에도 불구하고 피아는 다른 여자애들만큼 읽기를 잘하지 못했지만, 각 문단의 마지막 문장을 읽음으로써 책의 내용을 이해할 수 있었을 뿐만 아니라 선생님의 질문에 대답할 수도 있다는 것을 알게 되었다. 읽기에서 뒤처지지 않을 수 있는 좋은 방법을 알아냈다는 점은 피아에게 굉장한 위안이 되었지만, 전체적인 내용을 다 읽지 못했기 때문에 내용의 부분 부분에 대해서는 추측을 해야만 하는 문제가 있었다. 초등학교 졸업반이 될 때까지 피아는 읽기에서 이러한 편법을 사용해야 했기 때문에 수업을 마치고 하교할 때 즈음 종종 지치고 조마조마한 순간이 있긴 했지만 읽기 수업에 별 다른 문제를 보이지 않고 잘 해나갈 수 있었다. 하지만 피아의 이런 편법은 오래가지 못했다. 우연히 모의고사에서 피아가 그 동안 의지해온 편법이 들통나버렸고, 피아는 부모님과 담임선생님이 자신에게 단단히 화를 낼 것이라는 점에 굉장히 겁이 났으며 매우 당황했고 자신이 '멍청한 아동'이라는 것이 들통 났다는 점에서 창피하기도 했다.

가끔은 부모 자신들도 발견되지는 않았지만 학습에 어떠한 어려움을 가지고 있었던 경우가 있었으며, 이로 인해 학창시절 스트레스를 받으며, 불만족스러운 나날들을 견뎌내야 했을지도 모른다. 만약 여기에 해당하는 경우라면, 다른 사람들이 자신의 아동에게 학습 장애가 있다고 말하는 것을 듣는 것은 결코 쉬운 일이 아니며 꽤나 복잡한 감정을 느끼게 될 것이다. 학습 장애 등의 용어로 아동이 분류되는 것은 어른들이 상당히 듣기 껄끄러울 수 있다. 가족 중에 그러한 사람이 없는데도 만약 누군가가 당신의 아동에게 어떤 학습 장애가 있으며 이에 따라 구체적인 도움이 필요하다고 말하는 것을 듣는 것은 자신의 아동에게 종신형 심판이 내려진 것처럼 느껴질 수도 있으며 차별받는다고 느껴질 수 있다. 다음의 예문을 보자.

산드라의 아버지는 의학연구자로서 현역시절 대부분의 시간을 학술 논문을 쓰거나 연구를 하며 보냈다. 산드라도 아버지의 뒤를 따라 의사가 되었으며 심혈관계 질환을 전공하였다. 산드라에게는 휴라는 아들이 있었는데, 휴가 수학에 어려움을 보이며 수열을 이해하는 데 어려움을 보인다는 사실을 들었을 때 크게 실망하였다. 자신의 아들에게 이런 예상치 못한 부분에서 어려움을 보인다는 것은 있을 수 없는 일이라고 생각했으며, 산드라와 남편은 휴가 사립학교에서 계속 학업을 이어가기 위해서는 별도로 수학 과외를 받아야 한다는 사실을 인정하기까지는 시간이 걸렸다. 지금까지 정보를 처리하는 데 있어서 특정한 어려움을 겪은 적이 없었기 때문에, 몇 년 후 산드라 본인도 수열에 약간의 어려움을 보인다는 것을 알게 되었을 때는 더 깜짝 놀랐다.

아동에게 특별한 도움이 필요로 한 경우 아동이나 부모가 느낄 수 있는 불편함과 수치심을 간과하는 경우가 있다. 병원에서 의사 선생님으로부터 진단을 받을 때와 마찬가지로, 아동이 특별한 도움을 필요로 한다는 사실은 안도감에서부터 수치심이나 불안에 이르기까지 다양한 정서적 반응을 불러올 수 있다. 성장 및 발달의 다른 측면과 마찬가지로, 아동 스스로가 문제점이 발견되기 이전에 자신의 문제점에 대해 더 불안해할지 모른다는 점을 이해함으로써 아동을 도울 수 있다. 아동의 학습에 관해 전문가와 상담하는 것이 도움이 될 수 있다. 때때로 아동은 학교에서 아동이 어떻게 학습에 임하는지를 분석하고 평가하는 전문훈련을 받은 교육심리학자들과 상담을 하게 된다. 교육심리학자들은 다양한 아동을 다룬 경험이 풍부하며 아동의 전형적인 성장 패턴에 대해서도 잘 알고 있다. 즉 교육심리학자들은 아동이 겪는 어려움의 원인이 어디서 비롯되는지, 그리고 이 문제점이 아동의 전체적인 사고력과 학습 능력에 어떤 영향을 미치는지를 설명해줄 수 있다. 이들은 아동에게 도움이 될 만한 여러 가지를 추천해주지만 부모는 이들에게 직접 물어보고 싶은 질문들이 있을지 모른다. 가끔은 교육부의 요구에 의해 교육심리학자들이 법정 보고서를 작성하기도 하는데, 이 보고서는 주로 효과적인 학습을 위해 맞춤형 도움이 필요한 아동을 일정 기간 지켜보고 이 아동에게 어떻게 도움을 줄 수 있을지 생각해본 후에 작성하게 된다. 또한 아동을 보다 잘 이해하기 위해 선생님들은 부모와 면담을 통해 아동에 관한 정보를 수집하며 걱정되는 부분들에 대해 이야기를 나누기도 한다. 도움을 필요로 하는 아동에게 어느 정도의 맞춤형 도움을 줄 수 있는가는 해당 지역의 자치단체가 얼마만큼의 지원을 해주는가에 달려 있다.

특수교육과 장애

특정 장애를 가지고 태어났거나 자라면서 신체적 혹은 정신적 장애를 갖게 된 아동은 전문가의 도움을 필요로 한다. 만 10~11세의 아동은 대부분 특수학교에 다닌다거나 혹은 치료 프로그램을 다니는 등 안정된 환경에서 필요한 도움을 어느 정도 받고 있을 것이다. 자신의 아이에게 필요한 특정한 도움을 받아들이고 인정하는 일은 부모에게 굉장히 힘든 일이며 결정하기 힘들 수 있는데, 이는 특정 도움을 인정하고 받아들이는 것이 자신의 아이가 보통 아이들과는 다르거나 장애가 있다는 느낌을 더욱 강하게 만들기 때문이다. 예를 들어, 자신의 아이를 특수학교에 입학시킬 것인지 아니면 일반학교에 다니게 할 것인지를 결정하는 것은 부모로서 굉장히 고통스럽고 어려운 결정이다. 위에서 언급한 학습 장애에 연관된 감정이나 의구심은 특수교육을 필요로 하는 아동의 부모들에게도 동일하게 적용된다. 이 연령대의 아동이 일반학교나 사회에서 얼마나 잘 적응할 수 있는가는 실제 장애의 신체적 혹은 정신적 증상뿐만 아니라 부모와 아동 모두의 감정으로부터도 많은 영향을 받는다. 일부 아동은 소규모 학교에서 전문가들이 제공하는 여러 혜택을 받을 것이며 자신의 경험을 보다 즉각적으로 이해하고 공감할 수 있는 아동(자신과 마찬가지로 도움이 필요한 아동)과 어울리는 것에서 더 많은 행복을 느낄 수 있겠지만, 어떤 아동은 특정한 장애가 없는 아동과 어울리는 것으로부터 소속감을 느끼고 자신도 괜찮다는 확신을 얻기를 원한다. 장애의 세부적인 요소들을 비롯하여 아동의 관점과 세계관 그리고 성격을 보다 자세히 들여다보는 것은 아동이 가지고 있는 잠재력을 활짝 꽃피울 수 있도록 어떤 도움과 지원이 필요한지를 보다 쉽게 알 수 있도록 해준다. 또한 부모로서의 직관을 따르는 것이 도움이 된다. 부모로서의 직관에 따르는 것이 중요한 이유는 전문가가 개입할 시 부모는 자신이 자녀에 관해 이해하고 알고 있는 것이 전문가들의 의견에 비해 아마추어적이며 덜 중요하다고 생각할 수 있기 때문이다. 즉, 부모로서 자녀에 대해 이해하는 것은 전문가의 의견만큼이나 중요하다.

부정적이고 파괴적인 생각

신체적 혹은 타고난 요인들이 복합적으로 작용함으로써 발생하는 특정한 장애는 제쳐 놓더라도 충격적인 사건이나 생각하지 못했던 곤경이 우리 모두에게 닥칠 수 있다. 굉장히 강한 감정의 영향을 받게 되면 만 10~11세의 아동도 어른과 마찬가지로 정신 상태에 변화가 생길 수 있다. 정신 상태에 변화를 줄 수 있는 일부 사건들은 비교적 전형적인 가정 생활이나 합당한 상황들의 관점에서 이 책에서 이미 논의되었다. 때때로 아동은 부정적이고 파괴적인 생각들에 얽매이거나, 며칠 밤을 잠 못 이루고 지새우거나, 악몽에 대한 기억으로 괴로워하는 등 옴짝달싹 못하고 있을 때가 있다. 때로는 가족 내에서의 관계로부터 고통을 받으며 뾰족한 해결책을 찾지 못할지도 모른다. 이런 일을 겪게 되면, 어른들도 마찬가지지만 아동은 우울해지거나 사람들과의 접촉을 피하는 등으로 반응할 수도 있다. 수면에 어려움을 겪거나 식습관에 이상이 생길 수도 있으며 감정적인 고통에 견디지 못하고 자해를 하게 될지도 모른다. 부모로서 아동에게 어떤 도움을 줄 수 없는 상황이라면, 가족 주치의를 통해 문제의 심각성을 평가하고 적절한 임상의를 소개받는 방법도 생각해볼 수 있다. 필요하다면 병원 외래진료부에서 소아과의사를 만나거나, 가족 치료사와의 상담을 통해 문제점들을 살펴볼 수도 있으며, 아동의 문제점을 면밀히 살펴보고 적절한 치료를 해줄 수 있는 훈련된 전문가들이 있는 지역봉사단체를 통해 도움을 받을 수도 있다.

성인이 되어가는 여정

만 10~11세 연령대의 아동은 인생의 갈림길에 서 있다. 어느새 나이가 두 자릿수가 되면서 자신들이 성장하고 있으며 시간이 흐르고 있다는 것을 확실히 느끼게 될 것이며, 자신이 다른 사람들과는 각기 분리된 존재라는 것도 의식하게 된다. 또한, 주변 상황이나 자신의 성격의 특성에 관계없이 자신이 세상살이에 경험이 부족하며 연약하고 의존적인 존재로서 생활할 수 있는 시간이 얼마 남지 않았다는 것을 알게 될 것이다. 이 책에서 지금까지 이야기해왔던 것처럼, 아동이 자신이 더 이상 어린 아동이 아니며 성장하고 있다는 것을 깨달았을 때의 반응이나 자기 자신에 대해, 혹은 자신이 살고 있는 세상에 대한 느낌이나 감정은 셀 수 없을 정도로 매우 다양할 것이다. 만 11세 아동이 자신이 살고 있는 세상에 대해 어떤 관점이나 생각을 갖게 되는지는 필연적으로 부모나 보호자와 어떤 관계를 갖고 어떤 경험을 했는지에 영향을 받게 될 것이다. 아동에게 지속적인 관심과 이해와 호기심을 보여주고, 아동이 어떤 둔제나 어려움을 겪고 있을 때 인생의 선배로서 조언을 해주고 안심시켜주는 것이 아동이 성인으로 성장하면서 가질 수 있는 가장 큰 자산 중에 하나가 될 것이다.

추천 도서

Bartram, P. (2007) *Understanding Your Young Child with Special Needs*. London: Jessica Kingsley Publishers.

Waddell, M. (2002) *Inside Lives: Psychoanalysis and the Development of Personality*. London: Karnac.

Wilson, J. (1992) *The Suitcase Kid*. London: Doubleday.

Wilson, J. (1997) *The Lottie Project*. London: Doubleday.

Winnicott, D. (1991) *The Child, the Family and the Outside World*. London: Penguin.

찾아보기